Ajuste de Cuentas

Ajuste de Cuentas

Vicens Castellano

AGUILAR

cuatro

2008, Santillana Ediciones Generales, S. L.
Torrelaguna, 60. 28043 Madrid
Teléfono 91 744 90 60
Telefax 91 744 90 93
www.aguilar.es
aguilar@santillana.es

Diseño de cubierta: El Orfanato (www.elorfanato.com)

Primera edición: abril de 2008

ISBN: 978-84-03-09977-7
Depósito legal: M-17.898-2008
Impreso en España por Fernández Ciudad S. L. (Madrid)
Printed in Spain

A mis padres
por haberme dado la oportunidad
de expresarme en este mundo.

Índice

1. Introducción 13

2. El origen del desastre 23
Una situación muy familiar 23
Cómo has llegado hasta ahí 25
Diferentes escenarios 40
Las cinco fases en las que puedes estar 43
Atrapado por tu estructura 47
Paso número uno: asume tu responsabilidad 50

3. Dónde estás realmente 53
Antes de moverte conoce tu posición 53
Herramientas para retomar el control 54
Vas a tener que ponerte las pilas 81

4. Disminuye tus gastos: estrategias para pagar menos 85
Tapa los agujeros del casco 85
Cambia tus hábitos 89
La amenaza de la hipoteca 93
Disminuye tus gastos al comer 103
El poder del *merchandising* al descubierto 108

Prestaciones sociales y ayudas a tu disposición 112
Revisa tus seguros 113
Reducción de gastos del vehículo 114
Reduce la factura del gas 119
La administración del agua 120
Frigorífico y congelador 121
Lavadora, lavavajillas y horno 122
Iluminación, aire acondicionado y pequeños electrodomésticos 123
Ropa y zapatos 124
Los jóvenes y las marcas 126
Vacaciones y ocio económico 127
En forma fuera del gimnasio 129
Malas amistades: los cangrejos 131

5. Aumenta tus ingresos 137
Hazte valer 137
Si quieres un nuevo puesto de trabajo, véndete activamente 138
Si trabajas para otro, intenta ascender dentro de la empresa 159
Si trabajas para ti, mejora tu marketing 167
Si tienes un negocio, analiza su viabilidad 177
Mejora tus relaciones 180

6. Elimina la deuda 183
Si estás en un agujero, deja de cavar 183
Lo que te cuesta verdaderamente un préstamo 186
Págate a ti mismo antes de pagar a los demás 188
Plan acelerado de cancelación de deuda 191

7. Mantente en la cima 201
Estás en una carrera a largo plazo 201
Aprende a permanecer motivado 208
La publicidad como estrategia ganadora 210

Bibliografía 213

1
Introducción

En realidad no es tan importante el motivo que te ha llevado a tu actual situación financiera como la disposición que tengas para cambiarla. Puede que estés con el agua al cuello porque poco a poco todo se ha ido encareciendo mientras tu sueldo se ha quedado igual, o puede que la revisión de la hipoteca se haya vuelto insostenible, o tal vez un miembro de la familia ha perdido el trabajo o sois uno más en casa, puede ser que lentamente te hayas ido ahogando con más y más deudas que creías necesarias para ir tirando, o quizá te has arruinado de la noche a la mañana porque las inversiones que estimabas seguras han resultado un desastre.

Lo verdaderamente importante para salir de esta situación es qué estás dispuesto a hacer para cambiar.

Si eres de los que se queja de la coyuntura económica, de la entrada en la Unión Europea o de la política del gobierno, si piensas que no deberías haber perdido el trabajo, que tu jefe no te paga lo suficiente y que todo tendría que ser más fácil, o si crees que tus resultados financieros están en manos del azar, lo tienes especialmente difícil. No porque te equivoques al pensar eso, pues puedes tener toda la razón del mundo, sino porque ese tipo de pensamiento te inmoviliza y lo que necesitas es acción.

Trabajar como *coach* me ha enseñado que hay varios elementos clave para cambiar nuestros resultados, pero ninguno de ellos son las excusas ni las justificaciones. Tampoco es necesariamente clave saber qué te ha llevado a la situación que quieres cambiar. Conocer el pasado y saber las causas y los porqués está bien, y en algunos casos puede ser tranquilizador, esperanzador y gratificante, pero en mi experiencia profesional raramente ha sido la clave de un cambio profundo.

Cuando lo que estás logrando no es lo que tú quieres, la clave está en cambiar lo que haces, porque lo que consigues depende de lo que haces, depende de tu acción, de tu conducta, del conjunto de pasos que sigues. Es tu comportamiento el que precede a tus resultados.

Repara también en que es tu pensamiento lo que hace que te comportes de una u otra forma, luego tus resultados dependen de tus pensamientos. Si no te gusta lo que obtienes, deberás hacer algo distinto y para ello tendrás que aprender a pensar de forma diferente.

Acciones → Resultados
Pensamientos → Acciones
Pensamientos → Resultados

Prefiero trabajar con una persona dispuesta a hacer cosas nuevas que con una persona sólo pendiente de comprender el porqué de su fracaso financiero. La primera entrará más fácilmente en acción y conseguirá antes nuevos resultados. La segunda tendrá mil excusas, mil explicaciones y mil coartadas para seguir siendo quien cree que es. Para mí la clave está en orientarse hacia la acción, en comprender que lo que uno hace es lo que produce resultados, y que lo que uno piensa es lo que está detrás de lo que uno hace.

Este libro está escrito como un manual de instrucciones orientado a la acción, cuya finalidad es motivarte y darte directrices precisas para que cambies tus resultados financieros. Si te cuesta llegar a final de mes o ni siquiera lo consigues, si tienes que hacer grandes esfuerzos para pagar tus deudas o estás tan endeudado que no sabes cómo harás para salir de esa situación, este libro es para ti. Si no sabes mucho de números, no te interesan especialmente las matemáticas y la economía te suena a chino, este libro es para ti. Pero tienes que responsabilizarte de tus resultados. No quiero lectores llorosos ni quejicas. No te gusta tu vida, no te gusta lo que estás ganando, no te gusta lo que debes... ¿a quién vas a culpar? No me cuentes tus penas ni tus males, porque no me interesan; no me digas lo que no puedes hacer y lo difícil que es tu vida, ni me pongas las mismas excusas que a tus amigos, porque no te voy a hacer ni caso. La solución no está ahí. Cualquier atisbo de cambio va a depender de lo que estés dispuesto a hacer desde ya para ti, así que comienza por levantarte, mirar al frente y andar.

Asumir la propia responsabilidad es una condición necesaria para cambiar, y no hacerlo es un obstáculo que te impedirá moverte en la dirección necesaria. Piensa que, aunque hubiera una explicación completamente plausible a tus desgracias, que supieras a quién culpar y que tuvieras claro que no eres tú el que ha originado el desastre, la única forma de salir de donde estás debe brotar en tu cabeza y estar referida a ti mismo y a tu conducta. A pesar de que te hayan despedido en el momento menos adecuado, justo cuando tenías más deudas y coincidiendo con el nacimiento de tus trillizos, o aunque tu socio te estafase llevándose todos tus ahorros, que logres restituir tu situación financiera depende de lo que hagas a partir de ahora. Por un lado está todo lo que has vivido, y por el otro todo lo que vas a vivir, y entre una cosa y la otra estás tú, aquí y ahora. Lo que va a contar es lo que hagas en este justo momento, no lo que dejaste de hacer ni lo que te hicieron, porque eso ya no existe. Tal vez puedas ver su efecto, pero no cuenta.

Si no sabes qué tienes que hacer, yo te ayudaré a descubrirlo. Si lo sabes, pero no lo haces, yo te motivaré para que emprendas la acción. Si el plan que vienes siguiendo no funciona, te ayudaré a diseñar otro. Si el problema es que abandonas antes de conseguir el éxito, te daré recursos para que vuelvas al camino. Pero recuerda una cosa: yo solamente puedo señalarte la dirección, no puedo andar por ti, no puedo hacer lo que tú tienes que hacer, así que, a pesar de todas las ideas que puedas leer aquí, si no estás dispuesto a pagar el precio de la acción no cambiarás nada.

Me gustaría que vieras en ti a tu peor enemigo y a tu mejor aliado. Tu peor enemigo porque eres tú el que ha llegado a la situación en la que vives. Tú estás ahí por lo que has hecho y por lo que has dejado de hacer. No quiero explicaciones ni justificaciones, sino disposición a la acción. Tu mejor aliado eres tú mismo porque vas a ser tú quien te saque de donde estás. Yo no puedo hacerlo por ti. Lo siento, sencillamente no me es posible. En cambio, sí puedo ayudarte a pensar de forma diferente para que lleves a cabo lo que es necesario y salgas de donde estás. Pero tienes que hacer un equipo contigo mismo. Tienes que reconciliarte con la parte de ti que te ha llevado adonde no quieres para que puedas ir a un lugar diferente.

Si te preguntas por qué debes leer este libro, te diré que en él encontrarás cosas que no sabes de ti mismo y te diré que si las supieras no estarías en la situación en la que te encuentras. Léelo si quieres retomar el control de tus finanzas, si quieres minimizar tus deudas y si quieres ganar más dinero. Léelo si estás harto de llegar justo a fin de mes y de no saber cómo cambiar eso. Léelo si quieres que te motive y te ayude a tomar el timón de tus finanzas.

En él encontrarás ideas para gastar menos, pautas para ingresar más y los pasos necesarios para eliminar tus deudas, pero todo esto por sí solo no sirve de mucho si el problema está en tu cabeza, así que a lo largo de todo el libro voy a intentar convencerte de que lo primero que tienes que cambiar es tu forma de pensar.

Son muchas las personas que creen que sus problemas financieros se acabarían si ganaran más dinero. Lo siento, pero en la mayoría de los casos esto no es así. No lo es si el problema está en la forma que tienes de pensar sobre el dinero. Si tus ideas te han llevado a una situación de descontrol financiero y tienes hábitos erróneos, de poco te va a servir ganar más dinero. Muchas personas que se han hecho ricas de la noche a la mañana acaban endeudadas a más no poder y la mayoría dilapida su fortuna en poco tiempo. Esto es así porque son *las ideas* las que están detrás de los resultados. Te vas a hartar de leerlo. Los ricos se hacen cada vez más ricos y los pobres, cada vez más pobres, no por azar, ni a causa de un misterioso conjuro capitalista, sino más bien porque las personas ricas tienen ideas distintas a las que tienen las personas pobres. Los resultados que consiguen las personas ricas, más riqueza, dependen de lo que hacen, y lo que hacen depende de la forma que tienen de pensar.

Si tu problema es que has ido acumulando deudas, la solución no está en ganar más dinero. Porque más dinero sólo significará más deudas. Si has acumulado deudas, lo que ha pasado es que has tomado ciertas decisiones. Tal vez pensabas que era lo más adecuado, que era necesario, que no existía otra opción para ti, y tal vez fuera cierto, pero la decisión de aceptar la deuda la tomaste tú, y la evaluación sobre las opciones que tenías y la elección de la más adecuada fueron tuyas. Así que ha sido tu forma de pensar la que, en última instancia, te ha llevado a acumular deudas. Entiende que si no logras cambiar tu forma de pensar no lograrás cambiar tus resultados. Más dinero, en ese caso, no significará un resultado diferente, sino un problema mayor.

Cambia tu forma de pensar y cambiarás tus resultados. Pero no cambies por cambiar, ni cambies a cualquier cosa. En este libro te diré específicamente qué interpones en tu camino y de qué manera te ahogas y te saboteas a ti mismo. Luego, tal vez estés dispuesto a emprender una nueva ruta.

Quiero que vaya por delante que lo que te propongo no es fácil. Para nada, ni para nadie. No importa lo duro que seas ni lo inteligente que te creas. Lo que es relevante es que te conozcas y sepas de qué pie cojeas. Solamente tú te has metido ahí y solamente tú vas a poder sacarte. Te invito a que hagas las paces contigo mismo, a que aprendas a actuar en tu mejor interés y tomes mejores decisiones.

Te daré ideas sencillas, muchas de las cuales ya conocerás, pero recuerda que no es el conocimiento lo que marca la diferencia (la universidad está llena de profesores pobres), sino lo que haces con él. Voy a estar a tu lado en este camino y quiero que te apoyes en mí cuando te tambalees, que me preguntes cuando dudes y que avances a buen ritmo. No será un viaje tranquilo pero valdrá la pena, porque mejorar siempre es deseable.

Una de las primeras pruebas que has de superar va a ser la de posponer la gratificación. ¿Eres capaz de aplazar un placer para lograr una satisfacción mayor más adelante? Imagina una clase de parvulario. El profesor deja un caramelo en la mesa de cada niño y hace un trato con ellos: os podéis comer este caramelo ahora... o podéis esperar hasta el final de la clase sin comerlo y luego os daré tres caramelos. La mayoría de los niños que se lo comen tendrán problemas con sus finanzas. Se trata de una prueba que mide la capacidad de posponer la gratificación.

Las personas mayores nos dividimos entre los que somos capaces de renunciar a un placer inmediato para lograr uno mayor en el futuro y los que caemos en la tentación de la satisfacción menor.

¿Prefieres comer lo que te apetece porque lo tienes a mano y está buenísimo, aunque vayas a engordar, o prefieres renunciar a eso para lograr el tipo de cuerpo que te gusta? ¿Eres capaz de levantarte temprano por las mañanas para ir a hacer deporte o prefieres quedarte en la cama calentito aunque tu figura se resienta? Cuando llegas a casa por la noche, ¿eres capaz de coger un libro y estudiar porque quieres aprender cosas que no sabes o te puede la satisfacción inmediata de poner la televisión aunque ningún programa te convenza? Cuando tienes en tus manos dinero con el que no contabas, ¿eres capaz de ahorrarlo para poder invertir el día de mañana o te lo gastas en cosas irrelevantes? Las personas que son capaces de posponer su gratificación suelen conseguir una vida mucho más fácil. Al contrario, las personas que caen constantemente en la satisfacción inmediata lo suelen pasar fatal a largo plazo. ¿Te acuerdas de la cigarra de la fábula? Era mucho más divertido tomar el sol alegremente que esforzarse en almacenar trigo como hacía la hormiga.

El tema aquí es conocer qué posibilidades tienes de cambiar quien tú crees que eres para poder lograr aquello que verdaderamente es importante para ti. Si eres cigarra, ¿puedes hacer algo para remediarlo?, ¿puedes siquiera considerar que cambiar es posible? Si crees que estás determinado a sucumbir constantemente a las tentaciones de tu entorno, te dices a ti mismo que tú eres así y que ése eres tú, entonces, una vez más, tus ideas se interponen en tu camino.

Creo que el cambio es posible, que las personas no están obligadas a seguir haciendo lo mismo una y otra vez, que pueden aprender a actuar en favor de su propio interés, pero también creo que es una tarea ambiciosa. Estamos entrenados para responder de cierta forma a determinados estímulos, y el hecho de que seamos consumistas en extremo, nos endeudemos innecesariamente y nos gratifiquemos de forma impulsiva favorece los intereses de muchas empresas, que ganan con ello grandes sumas de dinero. Así que, aunque tu intención sea positiva, estás en un entorno diseñado para que caigas en la tentación. Por si eso fuera poco las dificultades económicas suelen generar frustración y sentimientos de impotencia. Si tu mente es un hervidero de reproches y malos rollos, ciertamente no tendrás la mejor disposición a hacer sacrificios, repensar, cuestionar tus creencias y adquirir nuevos conocimientos, y, si no lo haces, no vas a salir de donde estás. Así que, como ves, la tarea, siendo posible, no es fácil.

Nuestro estado emocional influye en nuestra conducta y en nuestro pensamiento. La claridad con la que analizamos una situación varía en función de nuestro estado de ánimo. Como puedes imaginar, si en el trabajo las cosas no van bien, te ha caído una bronca y al llegar a casa te encuentras con un montón de facturas por pagar, la forma de responder a las demandas de tu pareja conllevará cierta carga emocional. Así que, si la situación ya era mala, probablemente al final llegue a ser peor. En este caso, como en muchos otros, no actuamos a favor de nuestro mayor interés. ¿Es posible aprender a actuar de forma distinta? ¿Pueden las personas sobrellevar la frustración de una crisis financiera y, no obstante, tomar mejores decisiones? Yo creo que sí, porque lo he visto muchas veces. ¿Te conoces a ti mismo o estás dispuesto a hacerlo? Si la respuesta es sí, tus posibilidades de éxito son altas. Si no te conoces ni quieres conocerte, te estás condenando. No voy a decirte que todas las personas pueden rehacer sus finanzas, no es cierto. Hay personas que no se van a dar ninguna oportunidad a sí mismas. Han comprado sus viejas historias y tienen explicaciones perfectas para lo que les pasa. Este libro no es para ellas. Otras personas, en cambio, siguen creyendo en ellas mismas y desean unos resultados mejores para sí mismas y para sus familias, les resulta evidente que la prosperidad es un estado alcanzable y creen que ellos pueden estar en disposición de lograrlo, o se conforman con restituir su situación hasta llegar al equilibrio, pero están dispuestos a pagar el precio. En este libro encontrarán el conjunto de herramientas y de pautas necesarias para que sea así.

Quiero que sepas cómo está estructurado este material. En cada capítulo te voy a orientar a la acción, quiero que te responsabilices y hagas algo a favor de tus intereses. Voy a insistir en ello una y otra vez, y cuando no puedas más seguiré haciéndolo. El cambio no se produce siempre de forma fácil, ya que muchas veces supone romper hábitos profundamente arraigados. Encontrarás básicamente cuatro partes principales. En la primera te ayudaré a aportar claridad sobre dónde te encuentras, cuál es tu situación y por dónde se desangra tu economía; compartiré un conjunto de herramientas contables muy sencillas pero terriblemente útiles para mantenerte al tanto de tu situación. Será como hacer un diagnóstico de tu estado de salud y mantener luego las constantes vitales controladas. La segunda parte contiene un abanico de opciones para controlar y reducir tus gastos, formas en las que puedes ahorrar al hacer la compra, al pagar los suministros de la casa o en ocio. En la tercera parte nos centraremos en potenciar tus ingresos y veremos de qué manera debes preparar una entrevista profesional, cómo mejorar en la venta de tus servicios profesionales o cómo pedir un aumento de sueldo. Finalmente abordaremos la eliminación de deudas y conocerás una metodología para librarte de ella rápidamente. Como tu motivación es una variable fundamental del éxito, voy a esforzarme a lo largo del libro para inspirarte y darte ánimo y compartiré contigo las técnicas que mejor me han funcionado con mis clientes para mantenerlos enfocados el tiempo necesario para lograr cambios.

Si albergas la esperanza, por pequeña que sea, de poder restituir tu situación económica, estaré a tu lado para que esto sea así; si te desvías, te lo haré notar y persistiremos hasta que lo consigas.

2
El origen del desastre

Una situación muy familiar

Hay distintas formas de llegar ahí, pero al final el resultado es el mismo: mis gastos son mayores que mis ingresos y necesito más dinero del que tengo para poder llegar a fin de mes. No sé cómo cambiar esto y me siento frustrado. Esta frustración se junta con un sentimiento de impotencia que me agria el carácter y me convierte en una persona irritable y borde. Este sentir se proyecta en mis relaciones personales y profesionales, haciendo más difícil salir adelante al erosionar el apoyo familiar y la confianza de mis compañeros de trabajo. Al no saber cómo salir de ahí me quedo inmovilizado buscando explicaciones y cuando finalmente llego a comprender las causas del desastre tampoco puedo hacer nada para cambiarlas.

Una pareja de novios aprovecha que los tipos de interés están bajos para acceder a una vivienda. Los pagos les hacen ir justos pero la ilusión de vivir juntos en su propia casa hace que los sacrificios necesarios sean llevaderos. De repente suben los tipos de interés y aumenta la letra de la hipoteca: ya no basta con hacer sacrificios; sencillamente no pueden seguir viviendo en condiciones, por más que los dos estén trabajando.

Un emprendedor enamorado de sus conocimientos técnicos ha dejado las finanzas de su empresa en manos de un socio malicioso. En cuanto se descuida el socio desaparece y a él le quedan solamente las deudas. No sabe qué hacer para salir de ahí, puesto que ha avalado los créditos de la empresa con su vivienda.

Coincidiendo con una promoción profesional llega el segundo niño, que llena la casa de alegría. La mujer deja el trabajo para volcar todo su afecto y disfrutar de la primera infancia de su retoño. Todo son felicitaciones hasta que la empresa en la que trabaja es absorbida por una multinacional. Su puesto de trabajo queda duplicado y resulta innecesario, así que se produce el despido. En su sector no resulta fácil recolocarse y los gastos de la familia no paran de crecer.

Cada pocos meses aparece un nuevo modelo y con él la tentación de adquirirlo. No puede ser menos y tiene que ir a la última, así que, aunque su sueldo sea justo, tira de tarjeta de crédito y lo compra. Se siente muy bien con él, pero solamente hasta que aparece el anuncio de lo que será el próximo modelo. Las pequeñas deudas se van acumulando y al final se vuelven una incontenible fuente de problemas. No sabe lo que debe ni quiere saberlo. Así que, cuando llega al límite de la tarjeta, sencillamente contrata otra.

Vive esforzándose mes tras mes y no llega a ningún sitio. Por la mañana se levanta temprano y va al trabajo, al que dedica las mejores horas del día; por la noche llega a casa cansado y prepara la cena. Ve un poco la televisión, que cada día le deja más indiferente, y se acuesta. Al día siguiente hace exactamente lo mismo, tal como lleva haciendo en los últimos años. Ninguna esperanza de cambio en el horizonte. Su vida es una carrera en la que se esfuerza todo lo que puede para quedarse en el sitio en el que está. Algunos días se pregunta adónde lo lleva tanto sacrificio.

Ha estado luchando toda su vida para poder dar a su familia lo que no tuvo de pequeño y finalmente ha logrado vivir en una casa fantástica, con una pareja estupenda y con unos hijos maravillosos, que no paran de exigirle cada día más y más. Les da lo que puede permitirse y al final se acuesta pensando que éste no era el plan que tenía para su futuro. Los años pasan y sus hijos no parecen dispuestos a dejar la casa. ¿Cómo van a hacerlo tal como está el precio de la vivienda? Así que se ajusta el cinturón y sigue haciendo horas extras.

Vive con sus padres, aunque hace años que desearía estar por su cuenta. No gana lo bastante para comprar una casa y alquilar le parece tirar el dinero. En casa las discusiones son habituales porque el espacio es reducido y tiene necesidades de adulto. Se sabe una carga para la familia, pero ¿cómo va a salir de esa situación?

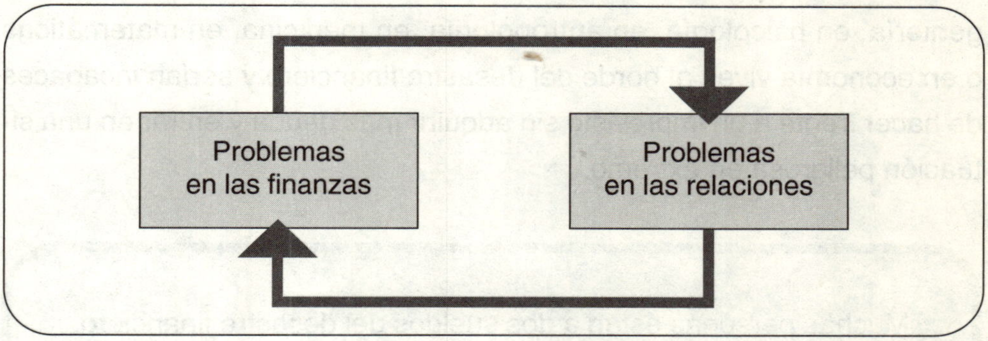

Distintos escenarios para el mismo final: las finanzas no van como uno desea, y los sacrificios, las renuncias y la frustración no solucionan la situación. Los problemas económicos afectan a nuestras relaciones y los problemas relacionales afectan a nuestra economía. El dinero está presente en casi todas las áreas de nuestra vida y cuando escasea es como tirar una piedra en medio de un estanque, de ese punto van a partir ondas que acabarán llegando a todos los rincones.

Cómo has llegado hasta ahí

Hay muchas personas que están en este tipo de situación y que hacen todo lo que saben para intentar solucionar su problema. Pero solamente pueden actuar dentro del rango de posibilidades que conocen, así que si siguen atrapados es porque no están haciendo lo que los llevaría a un resultado distinto. Y no es que no tengan ganas, es que desconocen qué deben hacer, o sabiendo qué no saben cómo, o no se sienten capaces.

Encontramos este tipo de situaciones tanto en personas con estudios universitarios y de posgrado como en personas que comenzaron a trabajar de muy jóvenes. El conocimiento académico, por sí solo, no garantiza una economía doméstica saneada. Personas con estudios en ingeniería, en psicología, en antropología, en medicina, en matemáticas o en economía viven al borde del desastre financiero y serían incapaces de hacer frente a un imprevisto sin adquirir más deuda y entrar en una situación peligrosa en extremo.

Muchas personas están a dos sueldos del desastre financiero.

Por otro lado, hay personas que no han tenido la oportunidad de profundizar en sus estudios, o que no han querido hacerlo, y que manejan efectivamente sus finanzas. Luego, si los estudios académicos no son la solución, ¿dónde está la clave que explique estos escenarios? La familia suele ser el elemento determinante, específicamente el tipo de conocimientos financieros que los padres o los tutores han inculcado en los hijos. Si tus padres han sido ricos y a la vez buenos educadores, seguramente te habrán traspasado el conjunto de creencias y de habilidades necesarias para lograr que el dinero trabaje para ti. Si, al contrario, tus padres han luchado siempre para mantenerse a flote y han llegado justos a final de mes, probablemente el tipo de aprendizaje que has hecho sobre el manejo del dinero no sea todo lo óptimo posible. Si en casa has escuchado que invertir es arriesgado, que lo que tienes que hacer para tener un futuro brillante es estudiar y encontrar un buen trabajo en una buena empresa, o que el dinero corrompe a las personas, entonces tal vez tengas ciertos programas en tu cabeza que se activan cuando tienes que tomar decisiones. Cierto tipo de esquemas que hacen que, al final, los resultados que obtengas disten mucho de ser lo que querías. ¿Invertir es arriesgado? Vivir es arriesgado. El problema no está en paralizarse frente al riesgo, sino, tal vez, en aprender a manejarlo, a cubrirse, a reducirlo, a controlarlo. La ignorancia es mucho más arriesgada. Estudiar para encontrar un buen trabajo en una buena empresa quizá fue una opción adecuada en otros tiempos. Actualmente esperar que sea mamá-empresa la que se haga cargo de tu futuro, te dé seguridad y te permita chupar por los días de los días no me parece un buen plan. Estudiar para aprender a pensar, para conocerte a ti mismo, para saber del ser humano y del mundo en el que vives, para satisfacer tu vocación me parece mucho más interesante que hacerlo con la única finalidad de encontrar un puesto seguro en una empresa segura. Vives en un mundo de incertidumbre y cambio, elige la opción más flexible. Recuerda que el árbol que sobrevive a las tormentas no es el más duro, sino el más elástico.

El dinero suscita fuertes emociones y sentimientos en las personas, no en vano entregamos las mejores horas del día durante los mejores años de nuestras vidas a conseguirlo. Cambiamos buena parte de nuestra energía vital por dinero y cuando no podemos hacerlo nos preocupamos. Una causa importante de estrés es justamente el perder el trabajo, que es la forma para la mayoría de personas de obtener dinero. A ciertas edades esto puede convertir a una persona en un zombi: de padre trabajador y honrado, cumplidor, fiel y entregado, a persona desorientada, frustrada, incomprendida, malinterpretada y desalentada.

El dinero es un tema capital en las sociedades modernas. Algo que se suele tratar de diferentes maneras en función de si se tiene o si no se tiene, que obedece a sus propias reglas y principios, que muchas veces quedan velados tras una capa de misterio. Los niños aprenden muchas cosas de forma vicaria: ven a sus padres decir y hacer ciertas cosas en determinados escenarios y deciden, consciente o inconscientemente, lo que es correcto. Con el tema del dinero suele pasar algo muy parecido: si tus padres han trabajado toda la vida para otras personas para conseguirlo, han cambiado su tiempo, su energía vital, por dinero, no se han realizado profesionalmente, y han llegado a casa llenos de reproches: trabajar es duro, es desagradable, estás siempre rodeado de personas malintencionadas, para tener éxito en la empresa es necesario mentir, nunca podrás ascender si no haces la pelota al jefe, lo mejor es pasar inadvertido y esforzarse en obtener buenos resultados, no discutas con tus superiores, cuesta mucho ganar dinero, cuanto más rico se es más dinero se gana, los bancos solamente dan dinero a los que no lo necesitan... Este tipo de ideas, escuchadas día tras día por unos seres pequeños e indefensos, de boca de sus padres-dioses-proveedores que tienen respuesta para todo, acaban por convertirse fácilmente en verdades y pasan a configurar el conjunto de creencias transferidas de padres a hijos. ¿Qué criterio tiene un chaval para evaluar la veracidad de las afirmaciones de sus mayores? Depende del hijo, pero a ciertas edades el ser crítico se hace muy difícil. De hecho, el hábito de utilizar el pensamiento crítico para poner en duda las verdades no caracteriza a la mayoría de personas de nuestras sociedades. Eso tenía mucho sentido cuando los cambios sociales eran relativamente lentos: aquello que había servido a tu abuelo para sobrevivir te serviría a ti también, así que mejor acatarlo a pies juntillas. Pero el hecho es que tú vives en el entorno social que más rápidamente cambia en la historia del ser humano, y aquello que les servía a tus hermanos mayores quizá ya no te sirva a ti. Como nos recuerdan las palabras de Eric Hoffer: en tiempos de cambios quienes estén dispuestos a aprender heredarán la tierra, mientras que aquellos que creen saberlo todo estarán perfectamente preparados para hacer frente a un mundo que ya no existirá jamás.

En los hogares humildes de padres trabajadores, en los que a duras penas se llega a final de mes, las ideas sobre el trabajo, el dinero, las finanzas y la deuda son, sin duda alguna, distintas a las que hay en los hogares de familias prósperas y ricas.

Quiero dejar esto muy claro. Parece que ciertas personas albergan creencias muy arraigadas sobre la perversidad del dinero y, por ende, de las personas que lo tienen. Tener dinero no es suficiente para juzgar la moral de una persona. Hay personas con conductas deplorables en todos los estatus sociales. Este tipo de sentimientos parecen más bien nacer de la frustración y la incomprensión, y toman cierto matiz de envidia camuflada en crítica. Es rico, luego tiene que ser corrupto. No se puede ganar tanto dinero sin engañar a nadie. Seguro que no lo ha ganado con el sudor de su frente. Éstas y otras creencias están basadas en una concepción muy sesgada sobre lo que es el dinero y cómo se genera, y si piensas que son ciertas entonces necesitas seguir leyendo. Hay personas ricas que son incorruptibles, y personas que ganan mucho dinero de forma absolutamente honesta, así como personas que amasan grandes fortunas sin gran esfuerzo. Las ideas que albergamos están de nuevo detrás de nuestros juicios y de cómo nos hacemos sentir y nos comportamos. Pero si has aprendido las ideas que tienes sobre el dinero de padres humildes y trabajadores, que honestamente se han dejado la piel para llegar a final de mes y darte a ti una oportunidad, bueno... tal vez ha llegado la hora de evaluar si necesitas creencias nuevas que te sean más útiles.

Ten por seguro que los resultados financieros que estás consiguiendo dependen en buena medida del conjunto de creencias que albergas sobre el dinero y la forma de ganarlo, sobre el trabajo y el sentido que tienen en tu vida.

Recuerda también que una persona que logra unos resultados financieros distintos de los tuyos necesariamente tiene unas creencias diferentes.

Puedes elegir criticar a otra persona porque consigue fácilmente lo que a ti te resulta casi imposible lograr o puedes comenzar a sentir curiosidad sobre qué ideas tiene esa otra persona que tú ni tan siquiera imaginas. Qué pensamientos alberga, qué creencias soportan su acción y cómo podrías tener ideas parecidas. Ésa, tal vez, podría ser una buena obsesión para ti hasta que logres cambiar tu situación financiera.

Comienza si quieres por cuestionar tu conocimiento. Si fuese correcto no estarías donde estás y si fueses tan listo ya habrías logrado lo que quieres. ¿De dónde has sacado tus ideas sobre la forma en que se genera el dinero y la riqueza? ¿De quién has aprendido tus valores? ¿Quién te enseñó, quizá sin que fueras plenamente consciente, lo que significa el trabajo para ti? Hoy, mucho tiempo después, sigues pensando sobre el dinero y sobre su significado, basándote en aprendizajes que sucedieron cuando eras mucho más joven. ¿Qué tal te ha ido con ese conjunto de ideas? ¿Estás logrando el tipo de resultados que deseas? Si crees que tus resultados podrían ser mejores, estaré a tu lado para ayudarte a cambiarlos.

Así que no es necesario que te hagas sangre ni que te lastimes. Al contrario, tienes que establecer un vínculo sólido con tu esencia y reconciliarte contigo mismo. Te has metido ahí, estás viviendo ahí; *tú* vas a salir de ahí. Tampoco culpes a tus padres. Has aprendido sus ideas y tal vez no fueron las que necesitas para afrontar tu mundo. Tampoco su mundo es el tuyo ni su realidad la tuya. Agradece que te hayan dado la oportunidad de expresarte en esta vida y, cuando logres hacer las paces con tu pasado, mira adelante y disponte a avanzar.

Por suerte para ti vives en la era de la información. Si lo que sabes no te vale, puedes adquirir nuevo conocimiento. Deja a un lado lo que crees que es cierto sobre el dinero, pon tus ideas y verdades en suspenso, y date la oportunidad de adquirir puntos de vista nuevos sobre las finanzas, puesto que los que tienes hasta ahora no te han servido para lograr lo que querías.

No voy a hablarte de la verdad, ignoro cuál es la verdad; en cambio, voy a facilitarte conocimiento útil. Te invito a que lo cuestiones, a que verifiques si lo que digo te sirve, a que deseches todo lo que no puedas aplicar de forma inmediata y no se ajuste a tus necesidades, a que te sirvas de todo lo que tenga valor parar ti. Vivimos en una sociedad dinámica y tenemos que bailar con los cambios que nos tocan vivir. Ajusta tus pasos para que el baile te resulte lo más agradable posible. No luches contra el cambio y aprende a fluir.

Por si no te queda claro, creo que en buena medida somos fruto de nuestro entorno y que, especialmente con aquello relacionado con el dinero, nuestros resultados dependen del tipo de aprendizajes que hicimos de pequeños. Si tuvimos la suerte de tener padres que a su vez tenían ideas acertadas sobre el dinero, posiblemente también las tengamos nosotros. Si por el contrario nuestros padres fueron gente humilde y trabajadora que se esforzaron cada día por llegar a fin de mes... bueno, probablemente aprendamos también sus ideas.

Tus pensamientos configuran cierto tipo de marco de referencia, especialmente sobre aquellas conductas que crees que se pueden emprender en un momento dado; dichas ideas establecen lo que vas a hacer y lo que hagas determinará tus resultados. Así que, si tienes ideas de pobre, harás cosas de pobre y tus resultados serán pobres. Así de sencillo y de crudo. Mientras que, si tienes ideas de rico, tal vez hagas cosas de rico y te enriquezcas. Pero, atención, no creas que puedes deshacerte de tus ideas de pobre de un plumazo. Lamentablemente no es tan sencillo. Ahora forman parte de ti y cambiarlas llevará su tiempo. Un buen comienzo, de todas formas, está en poner en duda su utilidad.

A lo largo del libro te haré sugerencias directa o indirectamente para que te des permiso y sustituyas tus viejas ideas por otras nuevas y más útiles. Todo un reto.

Probablemente tengas ya una pieza del puzle: has llegado adonde estás porque tienes ideas sobre el manejo de tus finanzas distintas a las que tienen otras personas más exitosas. Esto significa también que tus ideas no te van a sacar de donde te has metido y que necesitas ideas nuevas.

Vamos a por otra pieza del puzle: la falta de responsabilidad sobre la economía doméstica. El tema de las finanzas tal vez no sea tu favorito, así que puede que le dediques el menor tiempo posible, e incluso puede ser que lo delegues en otras personas. ¿Que hay que llevar las cuentas? Que lo haga la pareja. ¿Que hay que hacer la declaración de la renta? Que se encargue el gestor. ¿Que tenemos un dinero ahorrado y lo podemos invertir? Que el director del banco haga alguna sugerencia.

Haciendo esto, qué duda cabe, te quitas el asunto de encima, pero recuerda una cosa: las finanzas forman parte de tu vida y probablemente vas a dedicar mucho tiempo a conseguir dinero. Después de cambiar las mejores horas del día por dinero, ¿vas y dejas que lo que has conseguido con tu esfuerzo lo manejen otros? Esto es pereza e irresponsabilidad. Sí, no te gustan las finanzas, ya lo sé, pero el precio que pagas por no dedicarles un extra de atención es muy elevado y puede ser terriblemente costoso. Fíjate en que, de todas formas, ya les has dedicado buena parte del día, así que ¿por qué rendirse ahora? Asume tu responsabilidad y no te desentiendas cuando solamente queda por hacer la tarea más fácil: la administración.

Si no sabes lo que estás pagando, seguramente estés pagando de más. ¿Por qué derrochar tu energía vital de esa forma? Mira mi punto de vista. Básicamente tienes cierta cantidad de vida disponible y vas a cambiar buena parte de ella por dinero. ¿Qué sentido tiene que luego derroches ese dinero pagando más de lo necesario? ¡Es absurdo! Responsabilízate de tu dinero, puesto que estás estructurando tu vida alrededor de él. La casa en la que vives, la ropa que vistes, la hora a la que te levantas por las mañanas, el coche que conduces, las vacaciones que te permites, el tiempo que pasas con tus hijos dependen del dinero que tienes.

El gestor tiene su propio negocio y, aunque le pagues para que maneje tus finanzas, puede limitarse a cumplir y ya está. ¿Por qué iba a hacer él un esfuerzo extra analizando qué posibilidades de desgravación existen para tu familia o qué fórmulas sofisticadas podrían resultarte más beneficiosas? Probablemente seas un cliente entre cientos y no haga falta que te dedique todo el tiempo del mundo ni que explore todas las opciones posibles para cumplir con tu expediente. Luego ¿por qué debería invertir más tiempo en ti del estrictamente necesario? Él puede limitarse a cumplir y punto.

Por otro lado, el director del banco tiene sus propios objetivos comerciales. Él es básicamente un vendedor. Su oficina tiene asignada unos objetivos de activo y de pasivo y su propio jefe se encarga de presionarlo para que los logre. Establecen campañas en las que tienen que colocar cierto tipo de productos en función de cómo les estén yendo los resultados o de las directrices que haya marcado el grupo al que pertenecen. Así que, cuando vas tú con tus ahorros y le pides una sugerencia, ¿qué garantías tienes de que actúe en tu mejor interés y no en el suyo propio? De todas formas, si además eres lego en el asunto, ¿qué capacidad tienes de entender su jerga? Personalmente me parece muy irresponsable dedicar mi tiempo a conseguir algo importante en mi vida y luego ponerlo en manos de alguien que tiene unos objetivos distintos de los míos.

Así que, aunque no te gusten las finanzas, vas a pasar buena parte de tu vida consiguiendo dinero. Haz un esfuerzo final y aprende a tomar mejores decisiones. Y digo aprende porque posiblemente necesites saber cosas que ahora ignoras. Algunas, muy sencillas, y otras, más complicadas. Algunas las encontrarás en este libro y otras vas a tener que buscarlas en otros lugares.

Ligada a la falta de responsabilidad sobre la economía doméstica está la creencia de que puedes dejar para mañana este asunto. De todas formas, sigues siendo joven aún, así que, sí, tal vez sea importante que manejes tus finanzas, pero bueno... tienes tiempo por delante, ya lo harás algún día. No vas a preocuparte ahora por esto, pero deja que te cuente la historia de Marta y Nieves, dos hermanas que tomaron caminos distintos desde que eran jóvenes. Marta no quiso estudiar, así que a los 18 años encontró un trabajo y se puso a ganar dinero. No era mucho, pero comparado con las chicas de su edad que seguían estudiando suponía una gran diferencia. Marta se las apañó para dedicar 2.000 euros al año a un plan de inversión. Después de ocho años había contribuido con 16.000 euros y se cansó de hacer más aportaciones.

Su hermana Nieves, por otro lado, entró en la universidad y estudió ingeniería. A los 26 años, inspirada por su hermana, comenzó a hacer aportaciones anuales de 2.000 euros a un plan de inversión. Y lo siguió haciendo hasta que cumplió los 65 años. Cuarenta años de aportaciones en total, por un valor de 80.000 euros, en el mismo plan de inversión de su hermana, que sólo había hecho aportaciones de 16.000 euros. Cuarenta años contra ocho años. ¿Quién tenía más dinero en su cuenta a los 65 años?

Asumiendo que Marta y Nieves consiguieron un interés del 10 por ciento anual, Nieves acumuló 885.185 euros, pero Marta logró 1.035.160 euros. Es decir, 149.975 euros más que su hermana.

Así que, aunque Marta aportó solamente 16.000 euros, comparados con los 80.000 euros de Nieves, su dinero generó intereses durante ocho años más que su hermana. No fue la cantidad de dinero aportada la que marcó la diferencia, sino el hecho de tener el tiempo a favor. En el tema de las finanzas, responsabilizarse y no dejar la gestión para mañana son aspectos clave.

	Marta	**Nieves**
Edad de inicio aportaciones	18	26
Edad final aportaciones	26	65
Años de aportaciones	8	40
Cantidad anual aportada	2.000 euros	2.000 euros
Cantidad total aportada	16.000 euros	80.000 euros
Tipo de interés aplicado	10 por ciento compuesto	10 por ciento compuesto
Total acumulado a los 65 años	1.035.160 euros	885.185 euros
	149.975 euros más que su hermana	

Puedo comprender que ciertos temas te den pereza, pero puesto que tu vida gravita alrededor de las finanzas me parece irresponsable el no asumir el papel que te corresponde y hacer lo que es necesario. Entiendo que tienes compromisos y obligaciones, y cientos de cosas que reclaman tu atención, pero dejar para mañana estos temas resulta muy caro.

Una persona de 30 años que ahorre 100 euros al mes hasta que tenga 65 años, con un interés del 10 por ciento anual, obtendrá 379.664 euros. Si esta persona espera un año más, hasta los 31, para empezar a ahorrar estos 100 euros, a los 65 años habrá obtenido 342.539 euros. Es decir, esta persona habrá dejado de tener 37.125 euros por empezar un año más tarde. Tener o no esa cantidad ¿no merecen el esfuerzo de comenzar a ocuparte ya de tus finanzas?

Empezar un año más tarde	**A**	**B**
Edad de inicio aportaciones Edad de finalización aportaciones Ahorro mensual invertido Tipo de interés aplicado	A los 30 años A los 65 años 100 euros 10 por ciento compuesto	A los 31 años A los 65 años 100 euros 10 por ciento compuesto
Resultado final	379.664 euros	342.539 euros
	37.125 euros más por comenzar un año antes	

Así que, si tu situación financiera no es como quieres, no esperes a otro momento para asumir la responsabilidad. Haz algo ya. El tiempo es una variable que quieres hacer jugar en tu equipo.

Si llegas justo a final de mes, o sencillamente no llegas, puedes pensar que el problema es la política del gobierno, o la situación económica por la que pasa el país. Puedes pensarlo, pero te equivocas, porque el problema eres tú. Sí, lo siento, pero son tus hábitos los que probablemente te hayan llevado adonde estás. Claro, hay excepciones. Puedes haber tenido mala suerte, elegido el socio menos adecuado o tal vez una catástrofe se ha cebado contigo. Estas cosas forman parte de la vida. Pero me estoy refiriendo a otros muchos escenarios. Básicamente quiero compartir contigo lo que está detrás de la falta de dinero que sufren muchas familias trabajadoras, como es el caso de la típica pareja que se gana bien la vida, pues los dos miembros trabajan, que no hace gastos extravagantes, que modera sus deseos de aparentar lo que no son, no tiene coches ostentosos, ni se va de vacaciones a lugares exóticos... y a pesar de eso no llega a final de mes.

Si les preguntas en qué gastan su dinero, no te lo saben decir, porque probablemente no llevan un control riguroso de sus finanzas.

¿Conoces a alguien así?

Son muchas las personas que experimentan la sensación de estar haciendo lo correcto y no obtener un resultado satisfactorio. Si no se permiten lujos, ni caprichos caros, ni ostentaciones, ¿por dónde se va el dinero? Sencillamente no lo saben. Y claro, como no disponen de la disciplina necesaria para controlar sus gastos, a ese resultado tienen que sumarle la frustración de haber estado sacrificándose para luego no llegar a nada. Encima que nos vamos de vacaciones al pueblo en la tartana y que compramos la ropa solamente en segundas rebajas... ¡nos queda más mes que dinero!

Pero ¿qué información arrojaría echar un vistazo a sus hábitos de consumo? La pareja compra el periódico (un euro) de camino al trabajo y se toman un café con un bollo (5,25 euros); a media mañana, en lugar de comerse un bocadillo hecho en casa, se bajan al bar y compran uno y un refresco (7,5 euros); a media tarde, de regreso a casa, compran un paquete de chicles (un euro) y uno de tabaco (3,25 euros), y ya tenemos la explicación al misterio: 18 euros, por veinte días laborables al mes, son 360 euros, que son 4.320 euros al año.

A esto hay que sumarle el hecho de que el dinero que reciben está sujeto al pago de impuestos, lo que significa que para que la pareja pueda gastar 4.320 euros tiene que haber generado como mínimo 5.356 euros y posiblemente mucho más.

Claro, luego no comprenden por qué no llegan a final de mes.

Así que presta atención a tus hábitos de consumo, porque posiblemente estés ahogando tu economía con pequeños derroches. Parecen tan insignificantes vistos por separado; al fin y al cabo, ¿qué importa un paquete de chicles más o menos? Si estás trabajando todo el día y no puedes permitirte el capricho de tomarte algo que te apetece... vaya miseria, ¿no? Bueno, el caso es que no puedes permitírtelo. Sencillamente, no puedes. Crees que lo mereces y no lo pongo en duda, pero mientras no hayas restituido tu situación financiera, tu plan no puede incluir el hacer derroches y satisfacer tus deseos, por nimios e inofensivos que parezcan.

Piensa también en otra cosa: delante de ti hay dos caminos y solamente tú vas a elegir por cuál vas a andar. Uno te lleva a satisfacer tus pequeños deseos y a permitirte un premio después de la jornada laboral. Este camino es circular. Avanzas y avanzas para llegar al punto de partida. No tiene salida. Te vendes por una cerveza. El otro es mucho más sacrificado, pero es temporal. Vas a prescindir de tus caprichos. Sí, los quieres con todas tus ganas y crees que los mereces más que nadie, pero vas a doblegar tus deseos y vas a permanecer inmutable. No hay gastos superfluos. No al menos hasta que hayas salido del agujero en el que estás. Este camino es duro pero finito. Al final de la senda está el arco iris. Si llegas ahí, puedes cambiar de juego porque has aprendido a actuar a favor de tu mejor interés.

No es fácil. Tampoco nadie dijo que lo fuera. Pero es posible y eso es lo que importa, que existan opciones para cambiar tu situación.

Lo bonito de esto es que está en tus manos elegir. Nadie va a hacerlo por ti. ¿Un camino de pequeñeces o un camino que te abre la puerta a nuevas posibilidades?

Otro enemigo al que hay que batir es la inflación. Oh, la inflación. Ya está Vicens con temas financieros. Bueno, no hace falta que sepas de economía para entender el concepto siguiente: cada año que pasa puedes comprar menos cosas con la misma cantidad de dinero, porque todo se encarece. Suponiendo una inflación media de un 3 por ciento anual, con 1.000 euros de hoy dentro de cinco años solamente podrás comprar por valor de 885 euros, es decir, necesitarás 1.125 euros para comprar lo mismo que compras hoy. Que dentro de diez años 1.000 euros valdrán 760 y para poder comprar lo mismo que hoy necesitarás 1.304 euros.

1.000 euros de hoy en día a un 3 por ciento de inflación		
En estos años...	**1.000 euros valdrán...**	**Y para comprar lo que compras hoy con 1.000 euros necesitarás...**
5	885	1.125
10	760	1.304
15	653	1.513
20	561	1.753
25	481	2.033
30	413	2.357

Entiende que, si mantienes tus ahorros en la cuenta corriente, con una rentabilidad anual de 2 por ciento, y una inflación media del 3 por ciento, cada año pierdes un 1 por ciento de tu capacidad de compra. Si tienes 20.000 euros ahorrados en la cuenta del banco y los mantienes ahí, sin hacer nada más que guardarlos vas a perder 200 euros cada año que pase. Esto quiere decir que, como mínimo, tienes que conseguir que tu dinero ahorrado te genere unos intereses superiores a la inflación para quedarte donde estás.

¿Quieres conocer otro elemento que explica en parte tu situación? Los impuestos. Con los nuevos tramos del IRPF el 70 por ciento de los contribuyentes aplicarán un tipo único del 24 por ciento. Éste es el tramo menor. Un 24 por ciento. Lo que quiere decir que el 70 por ciento de los contribuyentes van a trabajar desde principios de enero hasta finales de marzo para pagar sus impuestos o, lo que es lo mismo, que van a dedicar dos horas al día a trabajar para el Estado. Pero ¡éste es el tramo más bajo! Si tributas en un tramo superior, vas a dedicar mucho más tiempo a trabajar para pagar impuestos.

Diferentes escenarios

No llegar a fin de mes, o tener una deuda difícilmente pagable y que ahoga a la familia, puede deberse a distintos motivos y hay ciertos patrones que conviene conocer. Quiero que identifiques en cuál de ellos desarrollas tu juego.

Por un lado están las economías resentidas por elementos imprevistos. Éste es el caso de un embarazo inesperado, un despido, un nuevo miembro en la familia, el cierre de un negocio, una separación, una enfermedad, un accidente, una catástrofe... o varias de estas cosas a la vez: una mujer que ha dejado su trabajo porque se ha quedado embarazada y que de repente entra en un proceso de divorcio, que intenta sobrellevar invitando a su madre enferma a vivir en su casa en una zona arrasada por unas inundaciones. Bueno, no hace falta exagerar. Cualquiera de estos elementos es suficientemente penoso como para desbarajustar la mejor de las economías.

Éste es el más sencillo de todos los casos. Si los problemas no están originados por los malos hábitos de los miembros de la familia y se deben puramente a elementos circunstanciales, costará más o menos esfuerzo, pero las probabilidades de restituir la situación son elevadas o muy elevadas.

Por otro lado están las familias que entran en el patrón de los pequeños caprichos. Ya hemos hablado de ellas antes. Café a café dilapidan una fortuna y encima viven con el resentimiento de no permitirse una vida de lujos. La dificultad en este caso radica en lo aparentemente inocente. ¿Quién va a dar importancia a algo tan pequeño como un paquete de chicles? Ellos, no, por descontado. Para esta familia no existe explicación posible. Se trata de una especie de confabulación. Una conspiración para dejarlos sin dinero. Aparte de este elemento está el desconocimiento del detalle del gasto, es decir, no saber exactamente en qué, cuándo y cuánto se han gastado en los últimos meses. Volveremos a este punto más adelante.

Otro desastre financiero lo originan las personas que se endeudan para consumir. Las que creen que necesitan una televisión de plasma de 52 pulgadas y no pueden pagarla al contado, así que utilizan la tarjeta de crédito. Para eso están, ¿no? Pues no. No están para eso. Sirven para poder disponer de dinero en caso de un accidente, una enfermedad o un familiar que se une a la familia de forma inesperada (como el novio de la hija mayor que viene a vivir a casa sin pagar alquiler). Las personas que se endeudan para consumir no dudan en pedir préstamos y más préstamos, hasta que llega un punto en que necesitan pedir un préstamo para pagar otro préstamo. Tal vez para ir de vacaciones en verano. Después de estar todo el año pensando en ellas, ¿quién va a quedarse sin vacaciones? Qué menos que una semanita fuera de casa. Al fin y al cabo, si no se permiten eso, ¿para qué trabajar? Después de las vacaciones, junto con el sentimiento de culpa y las letras del crédito, viene la vuelta al cole: nuevos libros, nuevos materiales, ropa y demás. ¿Que no puedes pagarlo? Tira de la tarjeta. ¿Que has excedido el límite? ¡Solicita otra!

Esta situación es muy difícil de solucionar, ya que hace falta un verdadero esfuerzo de contención. Es un caso para campeones, porque detrás de la deuda suele haber un conjunto de ideas distorsionado y perverso, y generalmente no se puede zanjar a corto plazo. Reclama un esfuerzo alto o muy alto durante un periodo de tiempo largo, y son pocas las

¿Qué cuesta tener un hijo?

$ Hasta 1 año: 7.000 euros.

$ Entre 1 y 3 años: 7.500-11.400 euros anuales.

$ Entre 3 y 12 años: 4.280-7.000 euros anuales.

$ Entre los 12 y los 15: 5.300-17.600 euros anuales.

$ Entre los 15 y los 18: 6.500-21.680 euros anuales.

$ ¿Y si tienes dos o tres hijos? Haz los números.

personas con suficiente grado de compromiso como para llevar a cabo dicho tipo de sacrificio.

Estas conductas de endeudamiento suelen originarse por ignorancia. Sí, las personas pueden saber que el crédito lleva añadido el pago de un interés, pero, como veremos cuando hablemos de cómo eliminarlo, suelen desconocer el efecto real que tiene sobre sus economías.

Otro tipo de familias se mete en problemas al caer en la trampa de la ostentación. Son ricos que viven en el cuerpo de pobres, como me dijo una vez un cliente. Necesitan aparentar que son lo que no son. Se dan valor a través de símbolos y creen que un coche de gama alta, ropa de marca y un reloj caro los hace mejores a los ojos de los demás. No quiero entrar a valorar si lo que intentan comprar es el amor de los otros ni si quieren compensar un complejo de inferioridad o inadecuación. Eso se lo dejo a los psicólogos. Aquí lo importante es identificar que estas familias entorpecen sus economías con todo tipo de gastos innecesarios. Otra vez más se trata de un caso difícil, como lo es siempre abatir un enemigo que mora en la propia cabeza.

Podríamos extendernos en esta parte, pero creo que te haces a la idea: hay distintos orígenes para un mismo destino.

Las cinco fases en las que puedes estar

Sea cual sea lo que esté detrás de tus resultados financieros, si estás insatisfecho con lo que consigues solamente puedes estar en cinco situaciones distintas. Las llamo las cinco fases del cambio, así que estarás en fase 1, fase 2, fase 3...

En mi trabajo como *coach* me di cuenta de que resultaba sencillo definir el proceso a través del cual un cliente logra los resultados que desea. En esencia el algoritmo del éxito se puede definir en cinco fases bien diferenciadas. Primero la persona tiene que saber qué tipo de resultado está buscando. Luego saber cómo conseguir dicho resultado. Después hacer lo necesario para conseguirlo. Mientras lo hace debe ser capaz de identificar su progreso o falta de progreso y si es necesario modificar su aproximación:

1. Saber lo que quieres lograr.
2. Saber qué tienes que hacer para lograrlo.
3. Hacer lo que tienes que hacer.
4. Evaluar si lo que haces te lleva al tipo de resultado deseado.
5. En caso de no lograr el resultado, elaborar un plan de acción alternativo.

Este proceso, sencillo en su esencia, es terriblemente práctico y aparentemente fácil. Una persona que esté insatisfecha con lo que está consiguiendo solamente necesita definir un resultado nuevo y mejor. Luego determinar los pasos que la llevarán a conseguir dicho resultado. Aplicarlos y evaluar su progreso. En caso de no estar avanzando, elaborar un nuevo plan de acción.

Si es tan elemental, ¿por qué hay tantas personas insatisfechas con sus resultados? Entre otras cosas porque no todo el mundo es capaz de pasar de un paso al siguiente.

Por ejemplo, hay muchas personas que se bloquean en el primer paso y les cuesta horrores saber lo que quieren. Saben lo que no quieren, pero si les preguntan por lo que sí quieren, ah, amigo, eso es otra cosa. Un ejemplo es el de la persona que sabe que su trabajo actual le resulta desagradable e insatisfactorio, pero que no sabe qué trabajo le gustaría hacer. No me gusta lo que hago, eso lo sé, pero cuando me preguntas sobre qué quiero hacer... no te puedo responder. En el caso de las finanzas domésticas tenemos el ejemplo de la familia cuyos miembros saben que no ganan lo que quieren, pero son incapaces de determinar qué cifra sería suficiente. A estas familias las consideraremos en fase 1. No saben lo que quieren aunque saben que lo que tienen ahora no les satisface.

Quizá te sorprenda y pienses que es fácil solucionar estas situaciones. Craso error. No lo es, al menos no para la mayoría de personas que están en dicho escenario. Tú mismo, por ejemplo, quizá te gustaría ganar más dinero, pero si te pregunto cuánto dinero quieres estar ganando dentro de cinco años no te será tan fácil dar una cifra que te resulte creíble. «Quiero ganar más dinero que ahora» no es una respuesta adecuada, dado que un céntimo más de lo que cobras ahora ya es más dinero y, si no eres preciso en determinar tu objetivo, tal vez llegues a un lugar al que no deseas ir.

Hay muchas personas que saben lo que quieren, pero no saben qué tienen que hacer para conseguirlo. Desean cambiar de trabajo, de negocio o eliminar las deudas, pero ignoran los pasos que pueden llevarlas ahí. En esta situación, es clave el conocimiento. Determinar un mapa de acción y secuenciar las fases y los elementos necesarios para moverse de donde están a donde quieren estar.

Es la fase más sencilla si vives en la era del conocimiento y puedes buscar antecedentes por Internet. Hay cientos de lugares con información y miles de personas que probablemente lo hayan hecho antes que tú o se lo hayan planteado. No dudes en recurrir a ellas y recuerda que la experiencia de segunda mano es una buena inversión.

En fase 3 están aquellas personas que, sabiendo lo que quieren conseguir, y sabiendo lo que tienen que hacer para lograrlo, no lo están haciendo. Si tu situación financiera indica que necesitas más ingresos, y para ello tu plan de acción señala la promoción dentro de la empresa como un elemento primario de acción, si para lograr que te asciendan tienes que hablar con tu jefe y preguntarle por tu plan de carrera y no lo haces, entonces estás en fase 3. Si tu plan establece que dejes de comprar el periódico y lo sigues comprando estás en fase 3. Si has de cortar con el tabaco y no lo haces, estás en fase 3. Puesto que hay muchos motivos detrás de la falta de acción, esta fase puede resultar complicada. Lo que marca la diferencia, al final, suele estar en dejar de contar cuentos, en levantarse y en actuar. De todos modos algunos *coach* y algunos psicólogos tienen herramientas para propiciar la acción.

Diremos que una economía personal está en fase 4 cuando se está aplicando un plan de acción pero se desconocen los resultados que se logran. Por ejemplo, un autónomo ha determinado que quiere aumentar sus ingresos vendiendo sus servicios por Internet. Tiene un plan de acción claro y específico, que detalla qué página web hará, por qué motivos, con qué recursos y cómo la promocionará. Ha encargado su diseño, la página está colgada y ocupa un buen puesto en los mejores buscadores... pero está en fase 4 si no sabe evaluar el tipo de resultados que produce su acción. ¿Son suficientes visitas? ¿Está consiguiendo un número adecuado de solicitudes? Hasta que no esté en disposición de medir el resultado de su plan de acción permanecerá en fase 4. ¿Qué sentido tendría estar efectuando un conjunto de acciones a la perfección que no fueran necesarias en primer lugar? Para poder saber si se tiene o no éxito en el logro de un determinado resultado es necesario medir el progreso de forma adecuada. Así se está en condiciones de efectuar cambios.

Si el plan de acción aplicado no produce el tipo de resultados deseados, se está en fase 5: es necesario un plan de acción nuevo. Una economía familiar en fase 5 puede ser la del matrimonio jubilado que está obteniendo un 2 por ciento de rentabilidad a sus inversiones cuando la inflación está por encima del 2 por ciento. Querían cierto tipo de rendimientos, tenían un plan, lo aplicaron y no les resultó. Falta un nuevo plan.

Así que, ahora que conoces las cinco fases en las que puedes estar, haz tus deberes y averigua en cuál te mueves. Esto es importante porque cada fase reclama un énfasis diferente. Las economías en fase 1 necesitan centrarse en clarificar lo que quieren; las que están en fase 2, en los elementos de un plan de acción; las que están en fase 3, en la motivación a la acción; las que están en fase 4, en la medición del progreso, y en fase 5, en el pensamiento alternativo.

Si estás en esta fase...	**Céntrate en hacer esto**
Fase 1. No sabes lo que quieres obtener.	Necesitas claridad. Establece tu objetivo.
Fase 2. No sabes cómo obtener lo que quieres.	Necesitas un plan de acción. Secuencia los distintos pasos. Compra experiencia de segunda mano. Modela el éxito.
Fase 3. No haces lo que sabes que tienes que hacer.	Motívate. Entra en acción. Piensa en las consecuencias de no actuar y a qué destino te lleva tu falta de compromiso.
Fase 4. No sabes si lo que haces es suficiente.	Establece un sistema para medir el progreso. Cuantifica tu avance.
Fase 5. Necesitas un nuevo plan.	Piensa de forma alternativa. Utiliza la creatividad.

Atrapado por tu estructura

Más allá de definir algunas causas que explican por qué a cierto tipo de familias les cuesta llegar a final de mes o por qué ciertas personas se endeudan en extremo, lo que me interesa es facilitarte que cambies lo que estás consiguiendo. Las explicaciones están bien, pero no son suficientes ni tan siquiera necesarias. Satisfacen la curiosidad y pueden ayudar a comprender, pero no bastan ni están en la raíz de la solución. Si estás ahogado y te cuesta ver una salida a tu problema, pueden pasar básicamente dos cosas: que exista solución o que no. Yo no sé si puedes liberarte de tu problema. No todo es solucionable, así que no quiero darte falsas esperanzas. Ahora bien, la gracia de todo esto es que tampoco tú puedes saber si tu problema es solucionable o no lo es. Y no puedes porque básicamente el problema está en tu cabeza y lo estás originando tú. Para que eso cambie vas a tener que pensar de forma diferente, pero ¿cómo lo harás si eres tú el que piensa? Tu forma de pensar actual te configura y es la que está detrás de tus problemas. ¿Cómo lograrás escapar a ella? ¿Acaso es posible ir más allá mientras sigues atrapado en tu propia estructura?

Ten en cuenta que posiblemente los problemas que tengas ahora sean las soluciones a los problemas que tenías en el pasado. Oh, mi hija mayor pasa mucho tiempo fuera de casa y no puedo vigilarla. Qué sufrimiento imaginar que le pasa algo desagradable. ¿Qué estará haciendo con su novio? Mejor le digo que se traiga al chaval a vivir a casa y así la tendré controlada. Quieres solucionar la falta de control sobre tu hija y paliar tu angustia... y te traes al novio a casa. Buena solución... para el novio. Tres meses más tarde has creado todo un conjunto de problemas alternativos: el novio no paga alquiler pero consume agua, luz y comida, el novio ocupa un espacio que antes era de toda la familia y eso origina roces, tu intimidad queda afectada por la presencia de un extraño, el padre no ve con buenos ojos que la pareja de novios estén enzarzados todo el día en lances amorosos... La familia comienza a tener problemas con las finanzas: no llega a final de mes, aumentan los gritos y las tensiones. ¿Qué ha originado esta situación? El intento de solucionar otro problema. Así somos los humanos. Apagamos el fuego con gasolina.

¿Cómo puedes saber entonces si existe solución a tus problemas? Pagando el precio de intentarlo. Haz todo lo que esté en tu mano, si tu situación cambia es solucionable. Fin del problema. Si la situación no cambia, sabrás que lo que has hecho no ha funcionado y, como tú lo has dado todo, significará también que tus viejos trucos no te sirven y tendrás que centrarte en encontrar formas nuevas de afrontar tus problemas. Esto quiere decir que tendrás que cambiar tu forma de pensar... De eso estamos hablando aquí. Que no hayas sido capaz de cambiar tu situación hasta ahora no significa que no exista solución. Sólo significa que no la estás buscando en el lugar adecuado.

Te voy a poner el ejemplo de la cafetera y la máquina de cortar el césped. Una cafetera tiene determinada estructura: está hecha de piezas de ciertos materiales, que tienen determinadas propiedades. Si la manejas adecuadamente, puedes conseguir un fabuloso café. Una máquina de cortar el césped, por otro lado, tiene una estructura distinta, y utilizada correctamente consigue dejar el césped del jardín uniformemente cortado. Son las estructuras de la cafetera y de la máquina de cortar el césped las que les permiten conseguir dichos resultados.

Si pretendes conseguir un césped bien cortado utilizando la estructura de la cafetera, lo pasarás mal y, si quieres hacer café utilizando la cortadora de césped, tampoco lograrás lo que esperas. Sus estructuras permiten ciertos resultados y no otros, y lo mismo pasa con las personas. Nosotros también tenemos cierta estructura y ella nos permite tener cierto tipo de pensamientos y conseguir determinado tipo de resultados. Ahora bien, ¿cómo vas a conseguir un resultado que está fuera de tu estructura? ¿Cómo solucionarás un problema que está originado por tu pensamiento sin cambiar tu pensamiento? Y lo que es peor, ¿cómo te darás la oportunidad de seguir adelante si todo lo que has probado no te ha funcionado? ¿Serás capaz de no confundir «todas las soluciones que he probado» con «todas las soluciones posibles»? Suele ser un error común. Insisto, una cosa es lo que tú creas que se puede hacer y otra, lo que se puede hacer. Una, lo que pienses que es posible y otra, lo que es posible. Algunas veces coinciden; la mayoría de las veces, no. Pero generalmente no te darás cuenta de esta trampa y pensarás que tu problema no tiene solución porque tú ya has probado todo lo humanamente posible, cuando en realidad te habrás limitado a algunas alternativas generadas desde tu limitada estructura. Así que, ya ves, no es fácil ganarte a ti mismo.

¿Qué puedes hacer, pues, para lograr salir de dudas? Confía en mí y sigue leyendo. Aprende a descubrir dónde están las limitaciones. Identifica tus bordes y luego cámbialos pero, sobre todas las cosas, no te pongas trabas a ti mismo. Lo que le es posible a un ser humano es muy difícil de saber. Aquello que parecía imposible en el pasado ha resultado ser posible más adelante y muchos problemas irresolubles han acabado teniendo solución.

Si piensas de forma pragmática, lo que buscas son elementos sencillos que te lleven a obtener nuevos resultados, no filosofía barata; directrices y otras opciones, no retorcidas cuestiones metafísicas... pero date cuenta de que todo eso que puedes desear no es más que un cambio en tu estructura. ¿Qué es sino una nueva idea? La modificación de tu estructura mental. Cuando aprendemos aprovechamos la plasticidad de nuestro sistema nervioso para incorporar opciones nuevas, y de esta manera enriquecemos nuestro mapa de posibilidades. Así que de una forma u otra estamos llegando al mismo sitio: tú originas tu problema y tú tienes la clave para solucionarlo; ahora bien, para ello tienes que ser capaz de cambiarte. Esto puede ser algo tan sencillo como aprender algo nuevo.

Un pequeño cambio en la estructura puede causar un gran efecto y, en consecuencia, un nuevo resultado.

Si en parte es tan difícil cambiar nuestra situación financiera es porque no sabemos cómo hacerlo. Y no sabemos cómo porque creemos que hemos agotado todas las opciones posibles, y en cierta medida es así. Hemos agotado muchas opciones posibles desde nuestra vieja estructura. Lo que se nos pasa por alto es que los humanos, a diferencia de las cafeteras y las máquinas de cortar el césped, tenemos una estructura plástica.

A lo largo de este libro encontrarás nuevas ideas con las que estirar tu mente. Recuerda a Oliver Wendell Holmes cuando decía: «Una mente estirada por una nueva idea jamás regresa a su tamaño original».

Paso número uno: asume tu responsabilidad

Sí, Vicens, te sigo. Ya sé más cosas, y en cierta medida he cambiado algo de mi estructura, pero creo que mis resultados van a seguir siendo los mismos. ¿Qué puedo hacer ahora? ¿Cuál es el siguiente paso lógico?

Lo más inmediato es asumir tu responsabilidad. Deja de buscar explicaciones, deja de señalar culpables, deja de quejarte por tus circunstancias y disponte a hacer lo que haga falta para que todo esto cambie. Nadie se va a responsabilizar de tus finanzas ni va a actuar en tu mejor interés si no lo haces tú, así que vas a tener que espabilar. Pero no lo harás si te atrapa la culpa. ¿Eres un justiciero? Vas a perder tu tiempo, que es irrecuperable. Te resultará más útil hacer las paces con tu pasado y mirar al frente. Sí, llévate la lección aprendida, pero no busques en la ceniza de tu memoria. Nada queda ahí. Levanta la cabeza, sé valiente, enfréntate a lo que está por venir.

En mi trabajo como *coach* me he encontrado con dos tipos de personas: las que asumían su responsabilidad y hacían lo que era necesario hacer, y las que lloraban sobre sus problemas. ¿A quién crees que le importan tus miserias? Quedándote anclado en el pasado difícilmente emprenderás el tipo de acciones necesario para lograr lo que quieres. Sí, consigues una comprensión perfecta de tus desgracias, pero sigues siendo un desgraciado.

Por estos motivos te invito a que asumas tu responsabilidad por encima de cualquier cosa. Al fin y al cabo cada vez que has tenido problemas has sido tú quien ha estado ahí. Admite que has estado en todos tus problemas y luego pregúntate si no tendrás algo que ver en lo que has vivido. Algo necesario para llegar a ser quien crees que eres ahora.

3
Dónde estás realmente

Antes de moverte conoce tu posición

Imagina que estás pasando unos días de vacaciones en una casa rural de una zona montañosa. No has estado ahí antes pero te gusta el paisaje, el clima es bueno y la comida, estupenda. De repente se te antoja como una buena idea hacer una excursión. En uno de los estantes, junto a la chimenea, hay un mapa de la zona. Lo extiendes sobre una mesa y le echas un vistazo por encima. Parece que hay varios puntos de interés: ermitas románicas, viejos castillos medievales, un par de dólmenes y la famosa cueva de la calavera. Te decides por la cueva. ¿Cuál es el siguiente paso? Ya sabes adónde quieres ir, está en la parte suroeste del mapa, pero... ¿dónde se encuentra la casa rural en el mapa? No te basta con tener ganas de llegar a la cueva; si vas a utilizar el mapa, es necesario que identifiques antes tu posición. Sí, respecto al mapa la cueva está en el suroeste, pero ¿dónde estás tú en el mapa?

Muchas personas quieren cambiar su situación, saben que lo que consiguen no les gusta, no les satisface, y eso les sirve como combustible para moverse, pero... ¿en qué posición están realmente? No tiene ningún sentido, como dice Stephen Covey, hacer un gran esfuerzo para subir, peldaño a peldaño, por una escalera que al final resulta estar apoyada en la pared equivocada.

Tienes que saber dónde estás ahora. Es un requisito básico. Sí, ya sé que crees saberlo, pero no basta con que sepas que vas mal; quiero que identifiques cuán mal vas, por dónde se te va el dinero, qué flujo sigue y cuál es la tendencia.

Imagina que una mañana te levantas con un dolor en el costado. Te duele lo suficiente como para tenerte preocupado y finalmente decides ir al médico. Cuando llegas a la consulta, éste te recibe dándote la espalda. Parece que está mirando a la calle desde la ventana de su despacho. «Qué es lo que te pasa», te pregunta. Tú, sorprendido porque el doctor no te ha mirado aún a la cara, le cuentas titubeante tu dolor. «Oh... un dolor en el costado, muy típico de estas fechas», te contesta. «Te vas a tomar este jarabe dos veces al día después de las comidas». Ahora sí, finalmente, se gira, busca su recetario, escribe algo en él, te entrega el papel con un garabato incomprensible y te despide con una sonrisa. ¿Qué probabilidades hay de que te tomes el jarabe sin más? A mí no me inspiraría confianza un galeno que no hace una exploración en profundidad. Preferiría que sacase mi historial, lo mirase, preguntase desde cuándo tengo el dolor, si hay antecedentes en mi familia, si he comido algo desacostumbrado en las últimas horas... En fin, lo que sea que necesite para averiguar el posible origen de la dolencia. No me basta con un heurístico, por más acertado que al final resulte.

Si tu situación financiera no es la que quieres, necesitas conocer exactamente por dónde estás fallando y para ello voy a compartir contigo ciertas herramientas que utilizan los financieros.

Herramientas para retomar el control

Lo primero es conocer cuál es tu situación desde el punto de vista de los números. Quizá sientes que no llegas a fin de mes, que vas justo, o que no puedes ahorrar; tal vez sepas más o menos lo que debes, pero no queremos dejar espacio a la duda. Que los números hablen y nos digan qué estás haciendo con tus finanzas.

Para comenzar, anota cuánto ganas al mes. Éstos son los conceptos básicos por los que las personas suelen ingresar dinero:

¿Cuánto ganas en un mes?	**Cantidad en euros**
1. Sueldo neto, propinas, comisiones, ingresos como autónomo, pagas extras.	
2. Dividendos de acciones, fondos de inversión, cuentas de ahorro.	
3. Devoluciones del IRPF u otras devoluciones fiscales.	
4. Ingresos por el alquiler de una vivienda, plaza de parking o local comercial.	
5. Pensión de la Seguridad Social, pensiones alimenticias, de viudedad, ayudas a los hijos u otras prestaciones sociales.	
6. Devolución de préstamos.	
7. Premios en efectivo, ganancias de juego o dinero extra.	
7. Otras ganancias.	
Total ingresos mensuales	

Ya tenemos una cantidad identificada: los ingresos. Eso por si solo nos dice bien poco. No es lo mismo tener unos ingresos de 2.000 euros al mes y gastar 1.900 euros entre hipoteca, comida, desplazamientos y ocio que tener 1.500 euros de ingresos, pero gastar solamente 950. Así que queremos comparar el dinero que ganas con el que gastas.

Vamos a identificar adónde va a parar ese dinero. Para ello comienza por identificar las grandes categorías de gasto: vivienda, alimentación, servicios, mantenimiento, ropa, transporte, salud, ocio... No existe una forma correcta de hacer esto. Más bien se trata de que adaptes las categorías que yo te sugiera a las que tengan más sentido para ti y tu situación personal.

No quiero que te bloquees con este ejercicio, así que no te compliques mucho. Haz una estimación grosso modo y sigue adelante con la lectura del libro. Más adelante, cuando hayas comprendido por qué es tan importante saber exactamente dónde estás, y tengas una visión de conjunto de las herramientas y de los pasos que te pueden ayudar a cambiar tu situación, podrás regresar y entrar en tanto detalle como sea necesario. Prueba a completar este recuadro de forma aproximada:

¿En qué gastas el dinero cada mes?	**Cantidad en euros**
1. Vivienda: hipoteca, alquiler, hotel, obras, seguros del hogar, comunidad de vecinos.	
2. Alimentación: comidas principales, restaurantes, en el trabajo, caprichos.	
3. Servicios: luz, agua, gas, teléfono, Internet, basuras.	
4. Mantenimiento: productos de limpieza, aseo, ferretería, artículos de cocina y ajuar.	
5. Ropa y complementos: para trabajar, de vestir, de deporte.	

¿En qué gastas el dinero cada mes?	**Cantidad en euros**
6. Transportes: automóvil, bus, tren, taxis, aparcamientos, peajes, gasolina, multas.	
7. Salud: médicos, dentistas, seguros médicos, gimnasios, medicamentos.	
8. Ocio: alcohol, tabaco, acontecimientos deportivos, música, teatro, cine, libros, revistas, periódicos, juguetes, ordenador personal, material deportivo.	
9. Contribución social: aportaciones a ONG, Iglesia, grupos políticos, donaciones.	
Total gastos mensuales	

Esto nos da la segunda cantidad básica: tus gastos.

Con tus ingresos y tus gastos ya podemos comenzar a ver qué tal estás. Si tus ingresos son mayores que tus gastos, vas bien... Si tus ingresos son iguales a tus gastos, estás con el agua al cuello... Si tus ingresos son menores que tus gastos, tienes un problema.

Cuenta de explotación	**Cantidad en euros**
A. Total ingresos	
B. Total gastos	
Resta el total de gastos al total de ingresos (A-B) y anótalo aquí →	

Esta información es aproximada y poco precisa. Para poder ir más allá necesitas mantener un registro diario de todos tus gastos durante cierta cantidad de tiempo. Empieza desde hoy mismo. Anota en una libretita, en un papel o en una PDA todos y cada uno de los gastos que tengas a lo largo del día.

Día (la fecha)	**Concepto (en qué te lo gastaste)**	**Cantidad en euros**
5 de abril	Café	1,25 euros
5 de abril	Bollo	1,15 euros
6 de abril	Revista de moda	3,50 euros
7 de abril	Gasolina	50 euros
7 de abril	Refresco	2,1 euros
...	...	...

Hazlo durante dos o tres meses y sabrás en qué gastas tu dinero y cuánto te cuesta cada concepto. Puede ser sorprendente descubrir (cómo me sucedió a mí en mi día) que gastas 60 euros al mes en libros, o 55 euros en cafés. Contempla lo que dicen tus cifras, analízalas y piensa si quieres seguir dedicando esa cantidad de dinero a ellas.

Para tener 100.000 euros a los 65 años, una persona de 20 años necesita ahorrar solamente 10 euros al mes y poner ese dinero a trabajar a un 10 por ciento de interés compuesto. Una persona de 50 años necesitará ahorrar 239 euros al mes al mismo tipo de interés.

Un efecto derivado de este ejercicio es la contención instantánea del gasto. Tener que anotarlo todo hace que sea más doloroso gastar, así que generalmente gastamos menos. Es el mismo motivo por el cual les recomiendo a mis clientes que utilicen efectivo para pagar sus compras y no las tarjetas de débito. Éstas son menos dolorosas: entregas la tarjeta, la pasan por una ranura y te la devuelven junto con un recibo para que firmes; te guardas la tarjeta en la cartera y ya está. Muy poco dolor. El coste de lo que acabas de pagar te pasa inadvertido. Es mucho mejor pagar en efectivo y sufrir al ver cómo entregas el dinero a otra persona y lo rápido que desaparece de la cartera.

Otra forma de averiguar tus gastos es haciendo una labor detectivesca: reserva un fin de semana, coge todas las facturas que encuentres por casa (espero que las guardes) y agrúpalas por familias. Accede a tus cuentas bancarias por Internet y saca un extracto de los últimos seis meses. También puedes ir al banco y pedir el extracto si lo prefieres. Identifica a partir de ese documento en qué te has gastado el dinero. Con este sistema irás más rápido pero encontrarás partidas mal identificadas, genéricas o poco informativas. Quédate con las grandes cifras y utiliza la información más relevante.

Anota aparte el total de dinero que has sacado de la cuenta en efectivo. Ese dinero probablemente esté sin identificar.

Acostúmbrate a llevarte los recibos de todos los pagos que haces: tiques de cafetería, bares, librerías, tiendas de ropa, lavado de coche, gasolina y demás.

Regularmente agrupa los tiques por conceptos, suma los totales de las categorías y añádelos al lugar correspondiente en la cuenta de explotación.

La cuenta de explotación es el documento contable que establece todos los ingresos y todos los gastos que tienes. Es el primer documento que analizo cuando trabajo con las finanzas de un cliente.

La información que vayas recopilando diariamente la vas pasando al formulario de gastos mensuales, de manera que puedas saber en qué exactamente te gastas el dinero. Pero ¿por qué insisto en este control pormenorizado del gasto? Te lo cuento inmediatamente, pero antes quiero compartir contigo una visión especial sobre el dinero y el trabajo. He mencionado el concepto de energía vital y quiero hacer una referencia explícita a qué entiendo por ello. Para mí, se trata de lo que te queda de vida. Tu energía vital es el tiempo de que dispones en este planeta para expresarte. Como puedes comprender se trata de una cantidad limitada: no sabes exactamente cuánta te queda, pero no te queda infinita. Además es irreemplazable: una vez termina el día, lo que no has hecho ese día ya no lo harás, harás otras cosas, pero utilizando otro tiempo. También es imparable: cada día vas a gastar la misma cantidad de energía vital y, por más que lo intentes, el reloj avanzará hasta dejar atrás las cenizas de tu pasado. Cada día dispones de 24 horas de energía vital y es tu responsabilidad utilizarlas como mejor te parezca. ¿Me estoy poniendo filosófico? Te estoy diciendo las cosas como las pienso: si eres como la mayoría de las personas, cambias tu energía vital por dinero, es decir, entregas parte del tiempo que tienes de vida a cambio de poder adquisitivo. Como dice Joe Domínguez: «El dinero es algo a cambio de lo cual decides entregar tu energía vital». ¿Sabes por cuánto te estás vendiendo? Quizá estaría bien tener una idea, aunque sólo fuese aproximada. Considera lo siguiente.

A una persona de 40 años le corresponde una esperanza de vida aproximada de 40 años. Esto son 350.400 horas de energía vital antes de morir. Teniendo en cuenta que esa persona va a dedicar aproximadamente la mitad de ese tiempo a actividades de mantenimiento que incluyen dormir, comer, ejercitarse, evacuar y asearse, dispondrá de 175.200 horas de energía vital para sus relaciones sociales, practicar sus *hobbies,* ser creativo, hacer el amor, establecer lazos afectivos con su familia, aprender nuevas habilidades y conocimientos, y trabajar.

Si tu trabajo no te gusta, sería bueno que te lo pensases, puesto que es algo que se va a llevar buena parte de tu energía vital.

Antes te he dicho que anotaras lo que ingresabas cada mes. Ahora vamos a calcular lo que ganas cada hora.

Puedes pensar que, si trabajas 40 horas a la semana y ganas 1.600 euros al mes, ganas 10 euros a la hora.

1.600 euros al mes / 4 semanas = 400 euros a la semana.
400 euros a la semana / 40 horas a la semana = 10 euros a la hora.

Lamentablemente para ti, esto no es así. De hecho ganas bastante menos. Sígueme y lo verás: una jornada laboral media es de ocho horas al día, pero a menos que trabajes en tu casa tendrás que desplazarte y eso te llevará tiempo. Seguramente tampoco vestirás en tu trabajo como lo haces cuando estás de vacaciones, así que tendremos que considerar el coste de tu vestuario en nuestro cálculo. Si comes fuera de casa, estarás incurriendo en un gasto más elevado del que tendrías si lo hicieras en tu hogar, nos ocuparemos también de esto. Como sea que muchas personas no se realizan plenamente en su puesto de trabajo necesitan un conjunto de actividades extras para distraerse, para relajarse o para evadirse, también las tendremos en cuenta. Si tienes hijos y necesitas una persona que los cuide mientras trabajas, eso origina otro gasto que no tendrías si no tuvieras que trabajar. Si además contratas los servicios de una asistente doméstica, generas otro gasto más. Veamos cuánto ganas realmente a la hora considerando estos datos.

Supón que tu jornada es partida: de 9 a 14 horas y de 16 a 19 horas de lunes a viernes. Ocho horas, a las que hay que sumar el hecho de que para ir y volver del trabajo tienes que invertir también tu buen tiempo. Imagina que vives a treinta minutos en tren del lugar al que trabajas. A ese tiempo tienes que sumar el tiempo que tardas de tu casa a la estación, el tiempo que dedicas a esperar el tren y el tiempo que hay desde la estación de destino hasta el trabajo. Imaginemos que es una hora para ir y otra para volver. (Si vas en coche, suma el tiempo de desplazamientos, atascos y búsqueda de estacionamiento).

Gasto extra en transporte:

$ En tiempo: 10 horas a la semana (dos horas al día por cinco días).

$ En dinero: 20 euros (un bono de 10 viajes en tren).

Seguramente no vistas igual que los fines de semana o el periodo de vacaciones. Suele haber cierta inversión en vestuario asociada al desempeño de tu trabajo. Tengámoslo en cuenta. Supongamos que es un trabajo de oficina y contemos el traje, las camisas y las corbatas, la máquina de afeitar, la loción de después del afeitado, el reloj de pulsera, la PDA... (si es un taller, cuenta el mono, las botas y demás). Consideremos el tiempo que tardas en ir de compras y elegir estos elementos.

Gasto extra en vestuario:

$ En tiempo: una hora a la semana (una hora los fines de semana).

$ En dinero: 14 euros a la semana (un traje, 400 euros; tres camisas, 180 euros; tres corbatas, 60 euros; unos zapatos, 80 euros; un cinturón, 20 euros, dividido por 52 semanas que tiene un año).

Dispones de dos horas para comer, que son más de las que precisas pero menos de las necesarias para poder hacerlo en tu casa. De esta forma te ves forzado a comer en el trabajo (que siempre es más caro y menos saludable). En tu casa comerías en una hora y luego aprovecharías para estar con tu familia o para hacer algo de tu interés. Al estar desplazado la empresa te *obliga* a perder una hora extra cada día después de haber comido hasta que te incorporas por la tarde a tu puesto. Algunas empresas proveen a sus trabajadores de bonos restaurantes, pero otras muchas hacen que sea el propio trabajador el que corra con el gasto de comida. De todas formas tendría que comer, es su razonamiento. Sí, pero no al coste de un restaurante.

Gasto extra en comidas:

$ En tiempo: cinco horas a la semana (una hora extra al día por cinco días).

$ En dinero: 35 euros a la semana (siete euros el menú por cinco días).

Al salir del trabajo quedas con los amigos para tomar unas cañas y distraerte un poco de los problemas que has tenido durante la jornada laboral. También compras revistas para distraerte un poco (¿distraerte de qué?), vas al cine una vez por semana y te apoltronas delante del televisor para ver el *late show* un par de horas todas las noches. Si tu trabajo no te gusta, qué menos que pasar los fines de semana haciendo algo reconfortable y caro, ¿no? Posiblemente no tendrías estas necesidades si disfrutaras con lo que haces, o las tendrías en otra medida. Para nuestro ejemplo supongamos que eres una persona como la mayoría. Éstos son los gastos extra en los que incurres:

Gasto extra en distracciones:

$ En tiempo: 20 horas a la semana (una hora al día de cañas por cinco días, dos horas al día de televisión por cinco días, dos horas a la semana en el cine, tres horas los fines de semana de actividades evasivas).

$ En dinero: 27 euros a la semana (dos euros en cañas por cinco días, dos euros a la semana en revistas, 10 euros en cines, cinco euros en actividades evasivas los fines de semana).

Calculemos ahora lo que verdaderamente ganas a la hora. Esta cifra es muy importante puesto que indica por cuánto estás cambiando tu energía vital. Volveremos sobre ella más adelante para tomar conciencia de la forma como gastamos.

Cálculo real de lo que ganas por cada hora de trabajo

Cálculo bruto	**40 horas a la semana**	**400 euros a la semana**	**10 euros a la hora**
Transportes	+ 10 horas	– 20 euros	
Vestuario	+ 1 hora	– 14 euros	
Comidas	+ 5 horas	– 35 euros	
Distracciones	+ 20 horas	– 27 euros	
Cálculo real	76 horas a la semana	304 euros a la semana	4 euros a la hora

Resulta que no estás ganando 10 euros a la hora, sino cuatro euros, es decir, estás vendiendo cada hora de tu energía vital a cuatro euros, o lo que es lo mismo, cada euro que gastas representan 15 minutos de tu vida. No sé qué te parece a ti, pero a mí me parece una barbaridad y un despropósito, pero así son las cosas. Haz tus números y averigua cuánto ganas a la hora verdaderamente.

¿Por qué insisto en este control pormenorizado del gasto? Porque tienes que saber en qué estás gastando tu energía vital, de esta manera tal vez te lo pienses dos veces antes de despilfarrar lo que te cuesta tanto generar.

Bien, tienes un registro de lo que gastas cada día y sabes en qué se te va el dinero mes a mes. ¿Qué hacemos con esta información? Vamos a aprovechar nuestro sentido de la vista. A muchas personas los números las dejan indiferentes y les cuesta mucho tomar decisiones basados en ellos. Pensamos en imágenes, en dibujos, en esquemas y no en números. Bien, pues hagamos un gráfico mensual del gasto. Es tan sencillo como marcar con un punto la cantidad total gastada en un mes. Al hacerlo obtenemos una representación gráfica del gasto y nos resulta sencillo ver si va en aumento o disminuye.

Supongamos que éstos son los gastos mensuales que has tenido durante los doce últimos meses:

Mes	Gasto en euros
Enero	1.750
Febrero	1.810
Marzo	1.790
Abril	1.590
Mayo	1.500
Junio	1.460
Julio	1.510
Agosto	1.410
Septiembre	1.320
Octubre	1.280
Noviembre	1.360
Diciembre	1.260

Si dibujamos un gráfico para ver este gasto de forma visual, puede quedar así:

Representación gráfica del gasto mensual

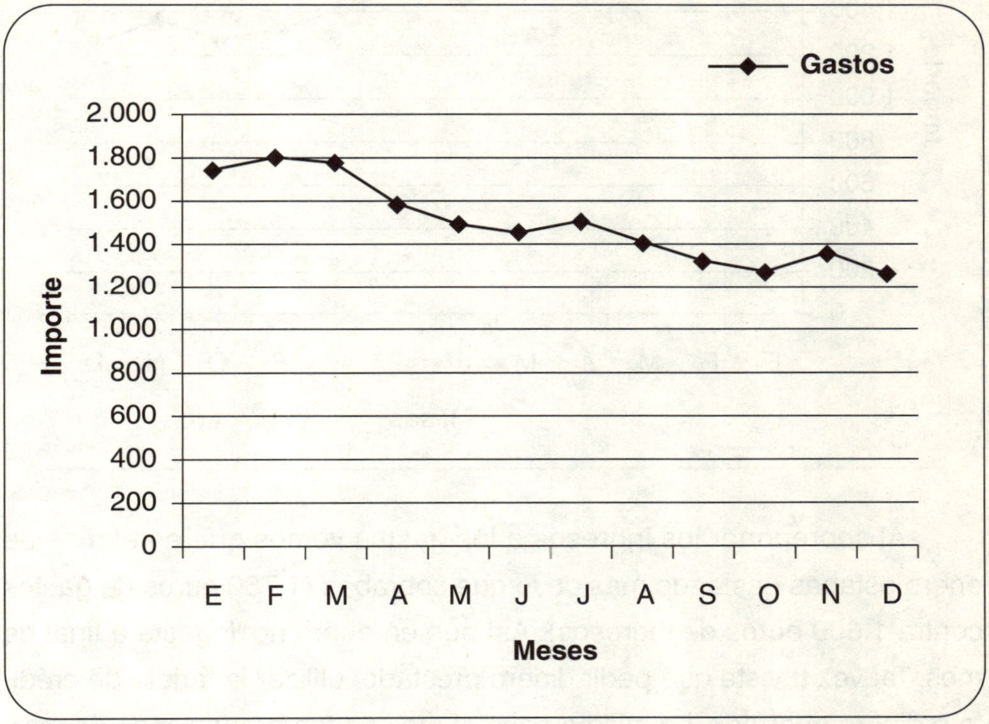

Ya de entrada vemos que hay cierta tendencia a la baja. La línea que representa el gasto va disminuyendo a medida que pasan los meses. Ahora a este dato le podemos añadir la representación de nuestros ingresos y así, mes a mes, sabremos de un vistazo cómo van nuestras finanzas.

Supongamos que ganas 1.600 euros al mes y que en junio te cambias de trabajo y pasas a ganar 1.750 euros al mes. La cosa podría quedar así.

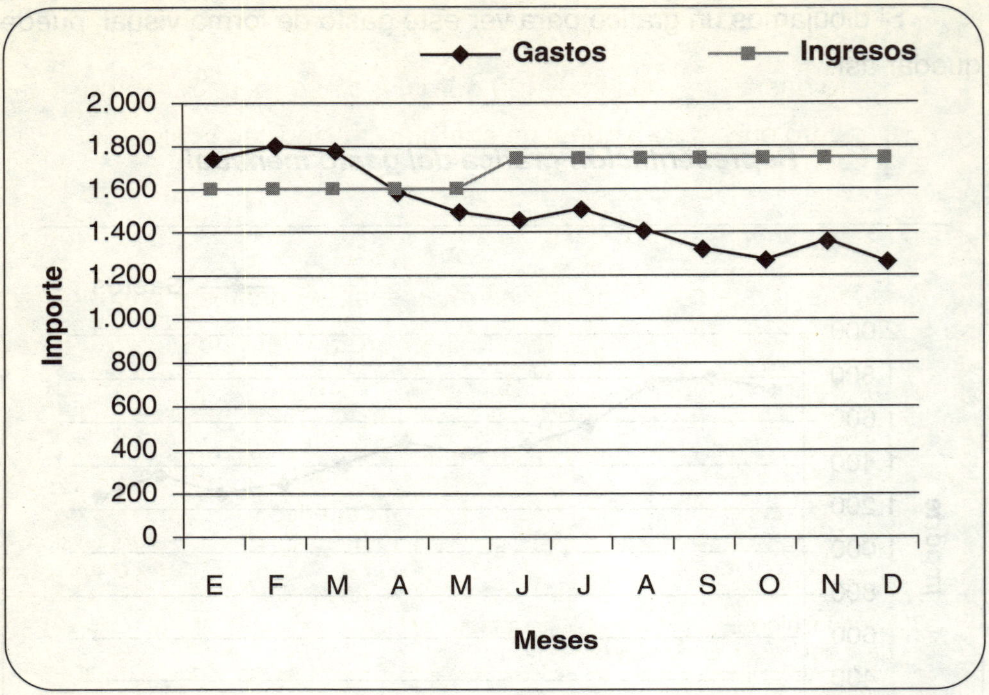

Al sobreponer los ingresos a los gastos vemos que en el mes de enero estabas gastando más de lo que cobrabas (1.750 euros de gastos contra 1.600 euros de ingresos). Así que en enero no llegaste a final de mes. Tal vez tuviste que pedir dinero prestado, utilizar la tarjeta de crédito o dinero ahorrado. Lo mismo pasó el mes de febrero y el mes de marzo (en el gráfico la línea del gasto está por encima de la del ingreso). A partir del mes de agosto disminuiste los gastos y restituiste tu economía. Al seguir manteniendo una tendencia a la baja e incrementar tus ingresos finalmente saneaste tu situación financiera.

Otro motivo por el cual es tan interesante hacer un seguimiento pormenorizado a nuestro gasto es para compararlo con la energía vital que le dedicamos. A lo mejor 60 euros en un jersey no significa mucho para ti, pero ¿qué te parece dedicarle 15 horas de tu vida? Esto es exactamente lo que estás haciendo si ganas cuatro euros a la hora.

Dinero gastado en el jersey (60 euros) / lo que ganas cada hora (cuatro euros) = 15 horas de energía vital dedicadas al jersey.

Así que lo que puedes hacer es relacionar tus gastos mensuales en las distintas categorías en función de la energía vital que dedicas a pagarlos. Te pongo un ejemplo:

¿En qué gastas el dinero cada mes?	**Cantidad en euros**	**Cantidad de energía vital en horas**
1. Vivienda: hipoteca, alquiler, hotel, obras, seguros del hogar, comunidad de vecinos.	850	212,5
2. Alimentación: comidas principales, restaurantes, en el trabajo, caprichos.	310	77,5
3. Servicios: luz, agua, gas, teléfono, Internet, basuras.	80	20
4. Mantenimiento: productos de limpieza, aseo, ferretería, artículos de cocina y ajuar.	40	10
5. Ropa y complementos: para trabajar, de vestir, de deporte.	20	5
6. Transportes: automóvil, bus, tren, taxis, aparcamientos, peajes, gasolina, multas.	50	12,5
7. Salud: médicos, dentistas, seguros médicos, gimnasios, medicamentos.	20	5
8. Ocio: alcohol, tabaco, acontecimientos deportivos, música, teatro, cine, libros, revistas, periódicos, juguetes, ordenador personal, material deportivo.	200	50
9. Contribución social: aportaciones a ONG, iglesia, grupos políticos, donaciones.	30	7,5
Total gastos	1.600	400

Este tipo de información te puede hacer reflexionar y tal vez te lo pienses dos veces antes de gastar en según qué conceptos. ¿Estás seguro de que quieres ir a ese restaurante de comida rápida con tu pareja? Te vas a dejar en un par de hamburguesas y refrescos 16 euros, o lo que es lo mismo cuatro horas de tu energía vital. ¿Cuatro horas a cambio de 20 minutos? Yo que tú me lo pensaba dos veces. Y ¿qué me dices de llevar el coche a lavar? Te cuesta 10 euros cada dos semanas, es decir, te dejas 20 euros al mes... o lo que es lo mismo cinco horas de tu energía vital. Tienes que trabajar cinco horas para poder llevar el coche al tren de lavado. No es muy alentador. ¿Un canguro para tus hijos mientras vas al cine con tu pareja? 20 euros del canguro, más 16 euros de las dos entradas del cine, más seis euros de las palomitas y las bebidas son 42 euros... Es decir, ir al cine te cuesta diez horas y media de trabajo. ¿Estás seguro de que es lo que quieres para tu vida?

Ojo, no estoy diciendo que no vayas al cine, ni a cenar, ni a tomar cañas. Haz con tu vida lo que te convenga, pero asegúrate de que actúas en tu mejor interés. Quiero que seas consciente de lo que estás haciendo con tu dinero, que consigues a cambio de tu energía vital. Si no llegas a fin de mes, tu objetivo tiene que ser restituir tu economía. Céntrate en ello. Ya te dedicarás al ocio cuando estés en mejores condiciones. Después de todo, ¡se trata de tu vida!

Tienes que tener en cuenta que los gastos por sí mismos tienen poco valor. ¿Qué significa que dediques 450 euros al mes a tu coche? ¿Es mucho, es poco? Y si dedicases 1.100 euros, ¿sería mucho o poco? Depende de lo que ganes. Si ganas 900 euros y dedicas 450 al coche, estás empleando la mitad de tus ingresos en el vehículo. Si ganas 3.300 y dedicas 1.100, estás empleando una tercera parte.

Tu objetivo primario va a ser que tus ingresos sean superiores a tus gastos. Esto es básico y fundamental. De hecho, si ganaras más de lo que gastas, tu economía sobreviviría.

Ganar 100 euros al mes y gastar 99 es la felicidad; ganar 100 y gastar 101 es el infierno.

Como te será fácil comprender, lo relevante no es lo que ganes, sino la relación entre lo que ganas y lo que gastas. Así, ganar 3.000 euros y gastar 2.800 te pone en una situación peor que ganar 1.800 y gastar solamente 1.200. En el primer caso tu saldo sería de 200 euros mientras que en el segundo sería de 600. Quizá podrías objetar que la persona que gasta 2.800 euros lleva un estilo de vida más agradable, puesto que gasta más, luego quizá disfrute más ese gasto. De hecho, 2.800 euros dan para más ocio, más lujo y más placeres que 1.200. Puede ser el caso. No lo sé. Yo probablemente preferiría la segunda situación, dado que permite ahorrar 600 euros todos los meses contra los 200 de la primera. Se trata de tres veces más de dinero que se puede poner a trabajar. Ahorrar dinero y ponerlo a trabajar a interés compuesto es una muy buena estrategia aunque aquí no sea el lugar de ocuparnos de ella.

El interés compuesto es el mayor descubrimiento del siglo xx (según Albert Einstein)

En una rueda de prensa preguntaron a Albert Einstein cuál creía que era el mayor descubrimiento del siglo xx. Los asistentes esperaban que dijese algo como «la teoría de la relatividad» o «la energía atómica»..., pero, para sorpresa de todos, nombró el interés compuesto. Algunos ejemplos para que reflexiones:

$ Si inviertes 5.000 euros al 5 por ciento durante 20 años, los beneficios de tu inversión ascenderán a 17.126 euros (ignorando los impuestos).

$ Si doblas la tasa de rentabilidad al 10 por ciento, ¿cuánto tendrás?

$ Al incrementar la tasa el 100 por ciento (pasas del 5 al 10 por ciento) obtendrás 350 por ciento más de rentabilidad. Es decir, al doblar la tasa de interés estás aumentando la rentabilidad de forma no proporcional.

$ En lugar de obtener 17.126 euros, tendrás 63.281euros.

$ Si consigues un 15 por ciento de interés, tu beneficio será de 187.155 euros. Un incremento de tres veces produce un resultado 11 veces mayor.

$ Con un 20 por ciento el resultado será 518.275 euros, un rendimiento 37 veces mayor que al 5 por ciento.

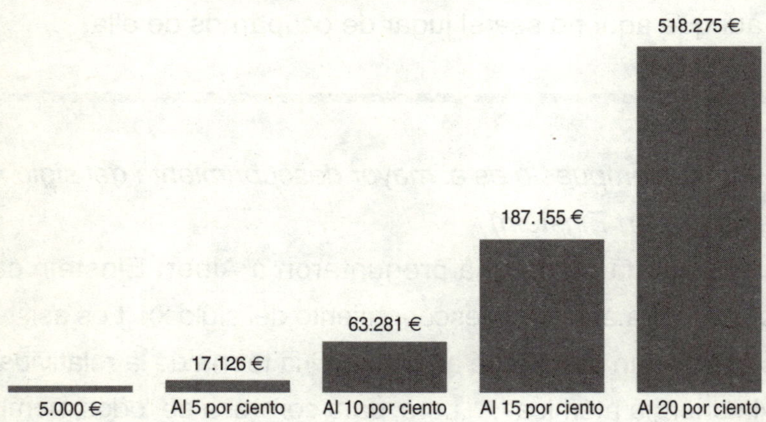

Invirtiendo 5.000 € durante 20 años a distintos tipos de interés compuesto

Otra herramienta que te va a dar información sobre tu situación es el balance. En él reflejarás todo aquello que tienes (tus activos) y todo aquello que debes (tus pasivos).

Activos (todo aquello que tienes)	**Valor actual en euros**
Bienes inmuebles: $ Casa .... $ Plaza de aparcamiento.......... $ Local comercial .... $ Nave	
Vehículos: $ Coche .... $ Moto .... $ Autocaravana..........	
Dinero ahorrado: $ Cuentas de ahorro.......... $ Cuentas a la vista.......... $ Dinero en efectivo..........	
Papel: $ Acciones.......... $ Letras del tesoro.......... $ Fondos de inversión	
Negocios: $ Empresas .... $ Franquicias	
Propiedad intelectual: $ Derechos de autor.......... $ Derechos de explotación..........	
Otros bienes: $ Metales preciosos .... $ Joyas .... $ Cuadros.......... $ Vinos.......... $ Sellos..........	

Pasivos (todo aquello que debes)	Cantidad en euros
$ Créditos hipotecarios (el dinero que debes a la entidad que financió la adquisición de tu vivienda o de otros bienes inmuebles)..........	
$ Prestamos financieros (el dinero que debes a la entidad que financió la inversión en un negocio o la compra de un vehículo). .	
$ Créditos personales (el dinero que debes que dedicaste al consumo: una televisión de plasma, unas vacaciones...).........................	
$ Tarjetas de crédito (el dinero que debes a la entidad que te financió la adquisición de bienes al consumo: equipo de música, compras por Internet...)................................	
$ Otras deudas (dinero que te ha prestado un familiar, un amigo o un proveedor)..........	

La cuenta de explotación y el balance son dos documentos que hablan de ti y de tu economía. Reflejan cuál es el estado de la situación y qué patrones has seguido para llegar adonde estás.

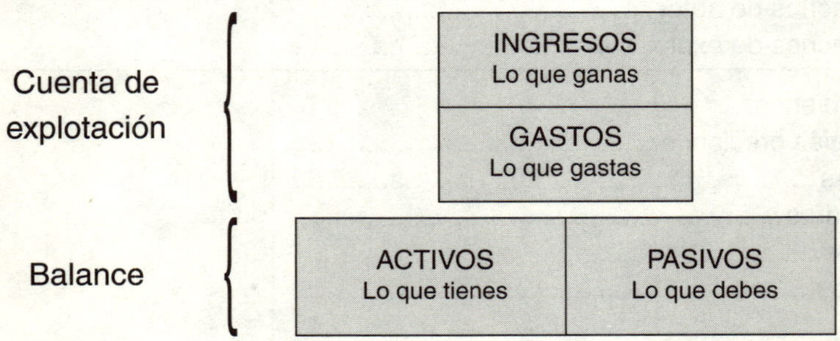

Veamos ahora qué dicen estos documentos en el caso de tres tipos de familias: una, muy humilde; otra, típica de clase media, y una tercera, rica.

1. Mónica y Luis son una pareja de 19 años que llevan viviendo juntos desde los 17. Se enamoraron de jóvenes y realizaron el sueño de crear un hogar. Para ello dejaron sus estudios y se pusieron a trabajar. El bajo nivel de formación los ha llevado a aceptar trabajos precarios, con ingresos muy bajos y generalmente en régimen temporal. Pero el amor no ha dejado de fluir y hace un año decidieron ser padres. Óscar nació hace apenas dos meses y ha llenado el hogar de amor y alegría. Lamentablemente con lo que ganan apenas pueden hacer frente al día a día. Pagan el alquiler, pagan la luz, el agua y el gas, la comida y se acabó. Ellos representan la típica economía de subsistencia. No tienen capacidad de endeudamiento porque no pueden avalar con ningún bien inmueble (no tienen ninguno). Sus padres están resentidos con ellos por haber abandonado el hogar siendo tan jóvenes y tampoco quieren aparecer como avaladores, así que los bancos no les prestan dinero. En su situación, ¿cómo van a ahorrar si una vez han hecho frente a los pagos no les queda nada, y frecuentemente no les queda nada incluso antes de hacer frente a sus pagos? En cualquier caso, si no hacen nada por cambiar, su situación va a empeorar. El niño va a tener necesidades cada vez más caras y ellos han renunciado a la opción de estudiar y formarse y tienen que dividir todo su tiempo disponible entre el cuidado del niño y el trabajo.

El flujo de su dinero, tal como reflejan los documentos contables, se puede representar así.

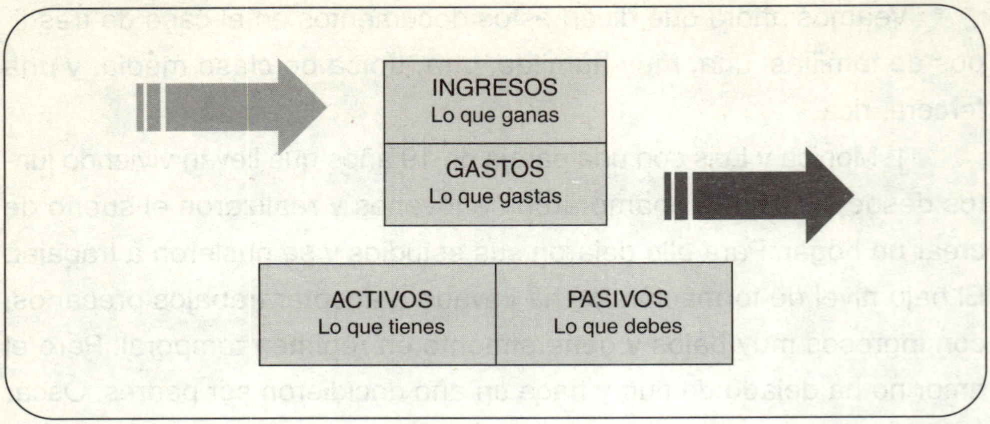

Ingresan poco y gastan lo que ingresan. El dinero entra en forma de sueldo y sale para hacer frente a todos los gastos. No hay nada en la columna de pasivos (porque no tienen capacidad de endeudamiento) ni nada en la columna de activos.

2. Esther y Rubén tienen dos hijos adolescentes, una casa y un par de buenos trabajos. Les gusta vivir bien, así que hacen un par de viajes al año aprovechando las vacaciones. Han comprado ordenadores para todos, equipos de música, un par de motos para los hijos y renuevan sus coches cada pocos años. Aparentemente viven bien... si no fuera porque llegan justo a final de mes. En su columna de activos aparecen la casa, los vehículos y los electrodomésticos, pero en su columna de pasivos aparecen la hipoteca de la casa, el préstamo de los coches y las tarjetas de crédito con las que financiaron los electrodomésticos. De esta manera, aunque sus ingresos sean elevados, también lo son sus gastos y a final de mes no les queda nada para ahorrar. Éste es el camino que sigue el dinero en las economías de clase media: altos ingresos, acompañados de capacidad de endeudamiento, deuda que hay que pagar, que sale en forma de gasto.

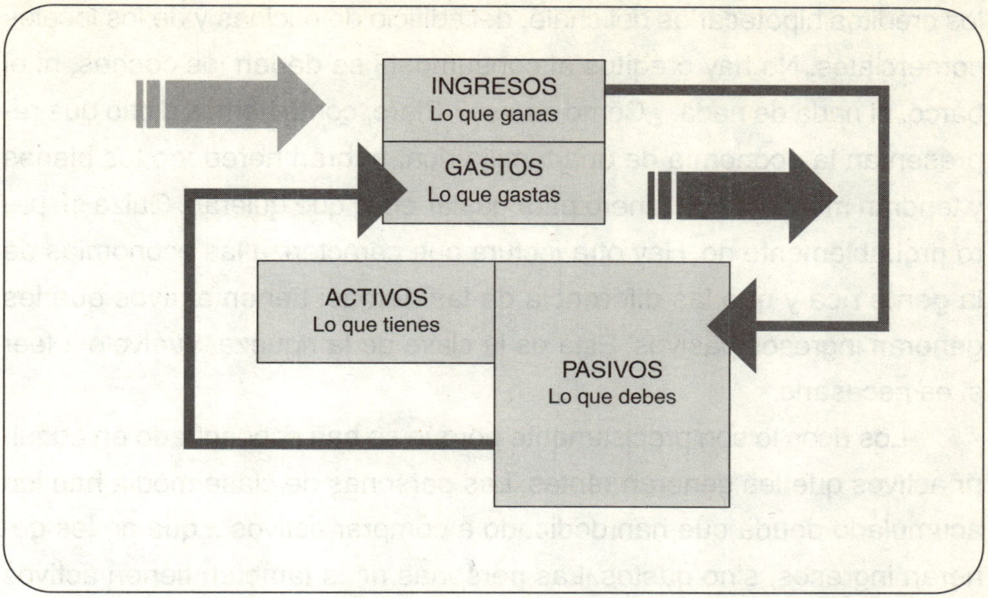

Con los ingresos que tienen esta familia tiene que hacer frente a sus obligaciones (sus pasivos, lo que deben: hipoteca de la casa, préstamo del coche, tarjetas de crédito) y salen de su vida en forma de gasto. La columna de activos es pequeña en comparación con la columna de pasivos.

3. Ana y Santiago viven juntos desde hace varios años, tiene un chalé en una zona residencial y un edificio de oficinas en el centro de la ciudad, varios locales comerciales, participación en varias sociedades, un par de franquicias y mucho dinero metido en un *hedge fund*. Los dos dividen su jornada entre controlar sus negocios, fortalecer relaciones profesionales y cuidar de la familia y de su salud. Viven bien, muy bien. Si analizamos su columna de activos, vemos que aparece el chalé, el edificio de oficinas, los locales comerciales, las participaciones en sociedades, las franquicias, el *hedge fund,* también varios coches, un barco y una colección de arte. Si analizamos las columnas de pasivo... vemos que reflejan

los créditos hipotecarios del chalé, del edificio de oficinas y de los locales comerciales. No hay créditos al consumo: ni se deben los coches, ni el barco, ni nada de nada. ¿Cómo es eso? Claro, como hemos dicho que representan la economía de una familia rica, habrán heredado los bienes y tendrán montañas de dinero para gastar en lo que quieran. Quizá sí, pero probablemente no. Hay otra lectura que caracteriza las economías de la gente rica y que las diferencia de las demás: tienen activos que les generan ingresos pasivos. Ésta es la clave de la riqueza. Vuélvelo a leer si es necesario.

Los ricos lo son precisamente porque se han concentrado en adquirir activos que les generan rentas. Las personas de clase media han ido acumulado deuda que han dedicado a comprar activos... que no les generan ingresos, sino gastos. Las personas ricas también tienen activos que les generan gastos, pero los han comprado mucho más tarde, después de esforzarse en construir una columna de activos que les de ingresos pasivos. Básicamente lo que han hecho Ana y Santiago ha sido ahorrar cortando gastos innecesarios hasta que han tenido capital suficiente para invertir en activos capaces de generar ingresos pasivos. Luego han reinvertido dichos gastos en comprar más y más activos de este tipo, de manera que ha llegado un momento en que han conseguido ingresar más dinero por los activos que poseen que por su trabajo. En ese momento han podido dejar de trabajar si han querido. Sus gastos están cubiertos por su columna de activos.

Tan importante como lo que han hecho es lo que no han hecho. No han adquirido deuda a menos que fuera para comprar activos que les dieran rentas. Permíteme ampliar este concepto.

Imagina que compras una casa y pides una financiación de 200.000 euros, por la cual tienes que pagar unas letras de 800 euros al mes. Esa casa es un activo, pero ¿de qué tipo? Depende del uso que le des a la casa. Si vas a vivir en ella y se torna tu primera residencia, va a ser un activo que te generará un gasto (800 euros al mes, más el seguro de la vivienda, más el IBI...). Esto no es lo que hacen las personas ricas. Imagina que pones esa casa en alquiler y que con lo que obtienes de alquiler pagas la letra de la hipoteca y los demás gastos de gestión, y aún te quedan netos 50 euros. En este caso la casa es un activo que te ha generado 50 euros de forma pasiva, esto es, sin que tuvieras que dedicar tu tiempo a conseguir ese dinero. El dinero, en forma de casa en alquiler, ha trabajado para ti. Éste es el tipo de inversión que hacen los ricos.

Imagina que tienes un edificio de oficinas en el centro de la ciudad. Cuatro plantas y cuatro oficinas en cada rellano. El edificio te costó 3.000.000 euros y las letras de la hipoteca ascienden a 15.000 euros al mes. Si alquilas las oficinas por 1.100 euros al mes y tienes dieciséis oficinas alquiladas, ingresas por alquileres un total de 17.600 euros. Con dicho dinero haces frente a las letras de la hipoteca y a los demás gastos de gestión del inmueble, y aún te queda un remanente en forma de ingreso pasivo.

Esto es lo que hacen los ricos. Tienen activos que les generan ingresos pasivos.

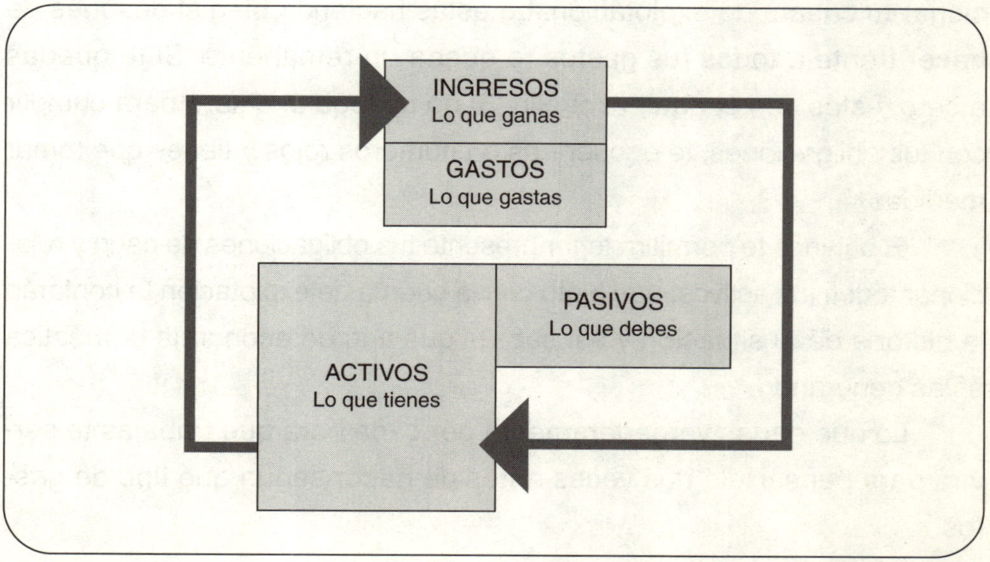

Aunque las claves de la riqueza no son el objetivo de este libro, quiero que entiendas por qué unas personas se hacen ricas y otras se quedan atrapadas en la mera subsistencia. Se trata de algo que pasa en sus cabezas. Tú también tienes ese poder. Es la capacidad de decisión. Puedes elegir y, de hecho, eliges qué hacer con cada euro que ingresas. Decides cómo lo gastas y en qué. No se trata de ganar más aunque ganar más puede ser recomendable; se trata de que aprendas cómo debes administrar el dinero que pasa por tus manos.

Si adquieres deuda, estás siguiendo la senda de la clase media. Cambia esa pauta. Restituye tu economía, aprende a ahorrar y podrás cambiar de destino. No es fácil. Lo que sigue del libro te ayudará a ello.

Antes de avanzar quiero asegurarme de que los puntos clave de este apartado quedan establecidos con claridad. Lo he escrito para compartir contigo un conjunto de herramientas que permitan conocer con precisión dónde estás ahora, en qué está sangrando tu economía y cómo fluye el dinero en tu situación particular. Anotando tus gastos de forma regular y sistemática, analizando tus extractos bancarios y tus facturas, y siendo cuidadoso con los recibos, dispondrás de material para confeccionar tu cuenta de explotación. Lo estás haciendo bien si después de hacer frente a todos tus gastos te queda un remanente. Si te quedas a cero, estás con el agua al cuello. Si no te llega el dinero para cumplir con tus obligaciones, te encuentras en números rojos y tienes que tomar medidas.

El balance te permitirá tener presente tus obligaciones de pago y relacionar todos tus activos, que junto con la cuenta de explotación te contarán la historia de tu situación y así sabrás qué tipo de economía doméstica estás generando.

Lo que ganas verdaderamente por cada hora que trabajas te servirá para pensártelo dos veces antes de hacer según qué tipo de gastos.

Vas a tener que ponerte las pilas

Voy a serte sincero: es muy posible que no hagas lo que tienes que hacer. Que pienses en ello en profundidad, que incluso veas el valor, pero que, a pesar de todo, no lo hagas. Lo más probable es que seas incapaz de cambiar tu situación y que formes parte del grupo de gente que sólo se queja y busca excusas para no actuar. Hay muchas y muy buenas y me las sé todas. Solamente una persona capaz de mirar dentro de sí y aceptar sus limitaciones tendrá la oportunidad de salir de donde se ha metido. ¿Por qué? Pues porque las personas que creen que ya lo saben todo bloquean su capacidad de aprendizaje y se limitan a moverse dentro de los límites de su vieja estructura. Estas personas no pueden cambiar los resultados que consiguen. Si no haces los deberes y descubres dónde estás exactamente, y cuál es el flujo que sigue el dinero en tu economía; si te quedas con la misma información que tenías antes de leer esto, bueno, seguirás teniendo las mismas posibilidades de permanecer en la misma situación (que, te recuerdo, no deseabas).

De todas formas la mayoría de las personas que pasan penurias se condenarán a sí mismas a seguir en ese estado. No harán nada de lo que está en su mano hacer. Es una lástima. Quizá tú eres diferente y perteneces al pequeño grupo que cree que tiene la oportunidad de cambiar de verdad sus resultados. Si piensas que otra economía es posible para ti y para tu familia, yo estoy contigo. No estás condenado a repetir el pasado. Pero no lo conseguirás haciendo lo que crees que debes hacer. Si eso fuese suficiente, ya lo habrías solucionado hace tiempo y no estarías en la situación en la que te encuentras. Para poder salir de donde te has metido tienes que cambiar tu estructura y para ello tienes que aprender. No te valen tus viejas ideas. Ellas te han llevado aquí. Así que acepta que tal vez no lo sabes todo. Quizá algún día lo sabrás todo, pero mientras no consigas los resultados que quieres no habrás llegado a ese día. Para tener más opciones sigue mis sugerencias y haz los deberes. Tu misión: fotografiar el flujo de tu dinero, saber qué estás haciendo con él, por dónde se escapa y de qué manera.

El tipo de disciplina necesario para cambiar tus hábitos es muy grande. A muchas personas les resulta más agradable quejarse y llorar que pagar el precio que reclama restituir su economía. Al menos cuando lloran obtienen el consuelo de sus seres queridos.

Yo quiero que ganes. Estoy contigo si estás dispuesto a levantarte y a caminar. Por eso deseo compartir ahora el concepto de la temporalidad y su papel en tu juego.

Pocas personas aguantarán algo penoso eternamente. Llegará un punto en el que resultará más agradable rendirse a los viejos y conocidos males. Después de hacer las cosas bien durante cierto tiempo y no obtener el resultado deseado, zassss... llega el día en que esa persona abandona. Ahora ya conoces el vocabulario que utilizo como *coach* para estas situaciones: estas personas estaban en fase 4 y en lugar de pasar a fase 5 se han rendido y han perdido el juego. Están en su derecho; al fin y al cabo son ellas las que están tomando las decisiones en su vida. Así ha sido hasta ahora y así seguirá siendo. Pero puede ser que se rindan justo antes de tener éxito. A un paso de ganar. Es como si después de subir los peldaños de una torre, planta tras planta, con la finalidad de llegar arriba y disfrutar de las vistas, abandonaras tu subida, justo a tres peldaños del final, o a uno. Nada, me doy media vuelta, estoy cansado y ya no aguanto más.

Para ganar tendrás que aguantar justo cuando no quieras seguir. Cuando desees abandonar, tendrás que ser fuerte y elegir permanecer en tu decisión. Ése es el tipo de disciplina que te hará falta. Recuerda que te he avisado: lograr salir de donde te has metido es posible, pero no necesariamente fácil.

Ahora bien, si estás comprometido con tu éxito, si apuestas por ti, si no estás dispuesto a seguir viviendo precariamente, si ya te has decidido a tomar las riendas de tu destino financiero, yo estaré a tu lado apoyándote.

Para hacer más llevadero el esfuerzo quiero que tengas presente que el tiempo es una constante que no podemos frenar. Sencillamente la tierra seguirá dando vueltas sobre su eje y tú seguirás viviendo un día tras otro hasta el final. Y con el tiempo llegarán los resultados que tanto anhelas. Cuando desfallezcas, quizá quieras recordarte que todo es temporal. También tu situación y tu esfuerzo, y que si te relajas y fluyes lograrás lo que quieres. Un samurái solamente desenvainaba su espada para volver a guardarla manchada de sangre. No la utilizaba para bravuconear ni para amenazar. Estaba comprometido con su acción y frenaba su uso, pero cuando decidía sacarla de la vaina era para cortar. Piensa en eso como fuente de inspiración. Que tu compromiso sea como el de un samurái. Si decides que vas a hacer algo, hazlo. No emprendas la acción sin antes haber decidido que estás en un camino de no retorno. Si los resultados que estás consiguiendo no te satisfacen, si entiendes que tu situación es insostenible y que permanecer ya no es una opción, anticipa también qué futuro te esperaría de seguir así. Más de lo mismo mes tras mes, año tras año. Cuando estés convencido de verdad y no te asuste emprender la acción, muévete sin mirar atrás. A tus espaldas dejarás un lugar al que jamás regresarás.

Tu primera parada: la fotografía de tus finanzas. Haz tus deberes. En el capítulo final te daré pautas para que permanezcas motivado a lo largo de todo el camino; de momento, vamos a ver cómo puedes minimizar tus gastos.

4
Disminuye tus gastos: estrategias para pagar menos

Tapa los agujeros del casco

¿Has visto cómo toman las decisiones en la sala de urgencias de un hospital? Si tienes el colesterol alto y la cabeza abierta, lo primero que harán será ocuparse de la cabeza. El colesterol puede esperar. Tú harás lo mismo. Primero lo primero. Para mejorar tu situación financiera, hacer lo primero significa cortar el gasto innecesario. Al fin y al cabo, quien elige ese tipo de gasto eres tú. ¿Realmente necesitas tomarte ese capuchino?, ¿qué me dices de esa ración extra de patatas que pides con tu hamburguesa?, ¿es necesario estar apuntado a un gimnasio al que no vas desde hace tiempo? Aprovechar las rebajas tiene sentido, pero ¿necesitas todas esas camisetas o es afán consumista?

Tienes que aprender a ver la situación de forma distinta. No puedes llenar la bañera si tienes el grifo abierto pero el tapón no está en su lugar. El agua que necesitas se escapa igual que lo hace tu dinero cuando lo gastas inadecuadamente. Puedes objetar que hay gastos que son necesarios, tal vez sea cierto, pero seguramente los que te sangran son todos los demás.

Si tu cuenta de explotación arroja un resultado negativo o insatisfactorio, quieres cambiarlo y estás dispuesto a actuar, ha llegado el momento de ponerse manos a la obra. Se trata de eliminar o reducir, y esto no es agradable para nadie. Cortar en ocio, en alimentación, en ropa no parece un panorama muy alentador. Todo el mundo se apunta a ir a más, pero ¿quién está dispuesto a ir a menos? El truco está en repensar la situación. En realidad cortar el gasto no significa ir a menos... en realidad es ir a más. Sí, dejar de tomarse esas copas, renunciar al desayuno en el bar o renunciar a un viaje de ocio puede parecer ir a menos, pero en realidad no es así. Te diré por qué: ir a menos es lo que estás haciendo ahora. A menos posibilidades de cambiar, a menos opciones de futuro, a menos riqueza. Hacer un sacrificio y cortar los excesos, minimizar, reducir gastos es ir a más: a más ahorro, a más dinero, a más futuro. No te confundas.

Algunas personas no están dispuestas a cortar el gasto. Ya gastamos muy poco, dicen. Si después de los sacrificios que hacemos, encima tenemos que renunciar a unas cañas o a tomar un café con los amigos, ¿qué miseria de vida nos espera? Bueno, la miseria de vida ya la tienes ahora y, si con lo que haces no eres capaz de cambiar eso, vas a tener que hacer otra cosa. Recuerda que tienes el poder de elegir, así que si determinas que te interesa más quedarte en tu situación de sacrificio permanente porque no estás dispuesto a dejar de ir al bar a ver a tu equipo de fútbol, o no quieres renunciar a los viajes de verano, o a ese bolso, es tu elección. No estarás actuando a favor de tu mayor interés, pero eres tú el que vas a vivir la vida que estás diseñando con tus decisiones.

La elección es clara: sigues igual o te aprietas más el cinturón y cambias tu vida. Con la primera opción tienes todo un coro de plañideras y puede que te sientas acompañado, al menos a corto plazo. Puedes quejarte y explicar que no hay manera de vivir dignamente. Que la culpa la tiene el euro, o el gobierno, o lo que se te antoje. De todas formas ir a cenar un par de veces al mes no es nada comparado con el nivel de gasto que llevabas antes, y no estás dispuesto a vivir sin eso. Además, seguro que estas renuncias que te propongo no sirven en tu caso; cortar un poco por aquí y otro poco por allí no tiene la capacidad de cambiar tu vida. Tu caso es distinto. Necesitas una solución a lo grande. Pues bien, esto que te propongo es una solución a lo grande. Conoce tu posición, corta tu gasto, aumenta tus ingresos, elimina tu deuda. Cuando tengas capacidad de ahorro, haz que tu dinero trabaje por ti. No menosprecies el poder de lo simple. Mi pregunta es: ¿quieres tener que estar así el resto de tu vida? Personalmente prefiero enfrentarme al problema y cambiar, y si eso significa dejar de salir de cañas, comer de forma sencilla, prepararme en casa el desayuno y la comida, ir de vacaciones en tienda de campaña y hacer ejercicio en el suelo del comedor, lo haré. Puedes estar seguro.

Mira hacia delante en el futuro. Piensa en los próximos años. Luego añade algunos años más. Tu plan para salir de donde estás no puede basarse en seguir haciendo lo que te ha llevado ahí. No puedes seguir tomando las mismas decisiones y esperar nuevos resultados. Es como si estuvieses flotando en medio del mar, aferrado a un salvavidas. El hecho de tomar ese bollo te mantiene ilusionado, esa cena con tu pareja y el cine de los domingos son tu espejismo. Actúan como una válvula de escape que permite evadirte de la realidad en la que te has metido. Después de toda una semana de trabajo duro mal remunerado, ¿cómo renunciar encima a estos placeres? Pero si no sueltas el salvavidas no podrás coger la escalera de mano que te lanza el helicóptero de rescate. Sí, tal vez puedas permanecer flotando durante mucho tiempo más, pero no llegarás a tierra firme.

Reducir el gasto al máximo es necesario. No es agradable, pero hay que hacerlo. Es el medio a través del cual salir del agujero. Si hubiera una solución más fácil y agradable, ya la habrías utilizado, pero no la hay. Así que piensa si estás dispuesto a seguir donde estás mucho más tiempo o si vas a actuar en tu mejor interés.

Tal vez te ayude tener una visión de conjunto de lo que voy a proponerte a partir de aquí. Ésta es la lógica: para mejorar sustancialmente tu economía necesitas que tu dinero trabaje por ti. Para poder lograr eso es condición necesaria que tengas dinero que puedas dedicar a trabajar. Conseguir ese dinero es posible, pero reclama una buena planificación. Necesitas apartar cierta cantidad de lo que ingresas de forma sistemática. No podrás hacer eso mientras gastes lo mismo que ingresas ni, evidentemente, si gastas más de lo que ganas. Si tu cuenta de explotación refleja una de estas dos pautas (es decir, que estás en números rojos o con el agua al cuello), tienes que salir de ahí. Si no actúas, sólo tienes dos opciones: vivir así el resto de tu vida o empeorar. Necesitas estar en situación de poner dinero a trabajar para ti, y para ello tienes dos grandes caminos: recortar gastos y aumentar ingresos. En este capítulo nos ocuparemos de la primera opción: la reducción del gasto. En el siguiente nos centraremos en aumentar tus ingresos. Después nos encargaremos de eliminar la deuda.

Algunas personas creen que pueden elegir solamente una de las dos opciones y, puestos a elegir, se quedan con aumentar ingresos. Esto es un error la mayoría de veces porque lo que probablemente te ha llevado adonde estás es tu forma de gastar. Repito: la administración es la clave. No es lo que ganas, sino cómo gastas. Si te centras en aumentar tus ingresos pero tienes malos hábitos de consumo, irás en tu contra. Será como arrojar más gasolina al fuego. Si tu cuenta de explotación está descontrolada, aumentar el ingreso, por sí solo, no cambiará la situación. Por este motivo necesitas conocer con claridad cuál es, verdaderamente, tu situación económica. Cuál es el flujo de dinero que pasa por tus manos. Las ideas que tienes sobre lo que es importante hacer con el dinero van a producir un resultado de escasez o de abundancia. Más dinero en malas manos sería como aumentar la potencia de un coche conducido por un borracho.

No hay atajo. Vas a tener que cortar con el gasto. Pero motívate pensando que es el camino para salir de donde estás y cambiar verdaderamente tu situación financiera y por ende otras muchas áreas de tu vida.

Va a ser difícil, duro y sacrificado, afrontémoslo, pero el resultado valdrá la pena. Tendremos que privarnos de las pocas cosas que nos estamos permitiendo, y haremos todo un ejercicio de contención, de ascetismo casi. Cuanto más aprietes menos tardarás en lograr tu objetivo. Pero vayan por delante unas palabras de alerta. Hacer el esfuerzo de reducir los gastos se parece mucho a ponerse a dieta para perder peso. Pocas personas disfrutan dejando de comer, renunciando a ciertos alimentos o cambiando el chorizo por la cebolla. De hecho, no actúan en su mejor interés si pretenden renunciar a demasiados alimentos demasiado rápido. Al final, si los resultados no llegan todo lo rápido que uno espera, puede generarse un efecto rebote que lleve a abandonar la dieta y a volver a la situación inicial. O incluso, en algunos casos, a empeorarla.

Con el tema del recorte de gastos puede pasar algo parecido. Si lo hacemos a lo grande, quizá logremos cambiar nuestra situación muy rápidamente, pero también corremos el riesgo de no ser capaces de aguantar durante el tiempo necesario. Estás en una maratón, no en los cien metros vallas. Probablemente lleves años con las ideas que te han llevado a esta situación, y quizá te harán falta meses para lograr salir, sino años. Así que tómatelo con calma, predispón tu mente y no actúes sin la plena convicción de que harás lo necesario para ganar. Si no estás convencido de que vas a lograrlo, no te comprometas. En ese caso espera hasta convencerte. Lee todo el libro; luego reléelo de nuevo. Habla con gente que lo ha logrado e inspírate con su testimonio, y cuando te sientas preparado comienza, poco a poco, paso a paso, con firmeza y decisión. Ésa será una senda que te llevará a un destino distinto con otro tipo de posibilidades.

Cambia tus hábitos

Si quieres gastar menos, comienza por hacer un planteamiento general. ¿Por qué has gastado tanto hasta ahora? Es necesario que cambies tus hábitos, no puedes seguir con un estilo de vida consumista y reducir tu gasto, así que, si estás verdaderamente comprometido con mejorar tu situación financiera, convéncete a ti mismo de que no es necesario gastar como hasta ahora para ser feliz. Que puedes disfrutar de las pequeñas cosas de la vida durante el tiempo que haga falta. Un estilo de vida basado en un uso responsable de los recursos puede ser muy satisfactorio. Al fin y al cabo pensar que más es mejor no es necesariamente correcto. Lo adecuado es mejor. Con el paso del tiempo quizá comiences a disfrutar gastando menos, no para salir de tu situación financiera, sino como estilo de vida.

Piensa en las consecuencias que tiene para ti, para tu futuro y para tu familia un exceso de gasto. Gastando por encima de tus posibilidades no vas a ningún sitio. Estás siguiendo un estilo de vida que no te produce satisfacción a largo plazo. Quizá disfrutes comiendo fuera de casa, pero eso va de la mano del sentimiento de agobio al no poder pagar las facturas, al no poder ahorrar o al no poder poner tu dinero a trabajar para ti. Si sigues en esta línea, las cosas no van a mejorar, al contrario, muy posiblemente empeoren. El sentimiento de estar atrapado en la noria de un hámster que se esfuerza corriendo todo lo que puede para quedarse en el mismo lugar puede ser muy frustrante; estos sentimientos de no progreso, de no avance suelen afectar a las relaciones con las personas más cercanas, con las que más nos quieren, y al final se producen heridas en las relaciones. Tu pareja desconfía de ti y de tu capacidad para darle lo que ella buscaba en una relación o tus hijos se enfadan porque no eres como el padre de sus amigos. Si al final aceptas sus reclamaciones, puedes incurrir en más gastos para darles lo que te piden y terminar empeorando la situación. Las consecuencias de no cambiar significan más de lo mismo. Si no te gusta la forma como van tus finanzas y no estás dispuesto a modificar tus hábitos, ya sabes lo que te espera. Si sigues con estos hábitos, estás programando a tus hijos para que sean como tú y a que consigan lo que tú. Recuerda que la educación financiera se aprende en casa, viendo cómo nuestros padres se relacionan con el dinero, escuchando qué ideas tienen sobre ahorrar, gastar, invertir, trabajar... Si no estás dispuesto a cambiar, estás condenando a tus hijos a cierto tipo de futuro financiero. No es tu responsabilidad solucionarles a ellos la vida de mayores, pero entiende que desempeñas un papel muy importante.

Piensa en lo que puedes conseguir si cambias tus hábitos. Eliminar tu deuda, por ejemplo, puede ser muy satisfactorio. De repente dejas de estar atado a unas obligaciones que te mantienen con la soga al cuello. Mejorar tu capacidad de ahorro significa restituir tu economía doméstica, pero también significa disponer de un dinero extra que puedes poner a trabajar para ti. Si dejas de estar en números rojos, mejorarás como te sientes, estarás más orgulloso de ti y los demás lo notarán. Podrás ejercer una influencia positiva en la educación financiera de tus hijos. Les inculcarás buenos hábitos en relación con el dinero y el trabajo. Lograrás que aprendan a valorar el ahorro, la responsabilidad y la disciplina. Con tu pareja desaparecerán muchas de las discusiones. Habrá menos resentimiento y más amor. Volveréis a hacer planes para el futuro y os ilusionaréis nuevamente. También te será posible permitirte cierto tipo de lujos que antes te permitías equivocadamente. Con una economía sólida y bajo control puedes ir a cenar fuera de casa cuando te apetezca, tomarte unas vacaciones con tu familia en un lugar precioso o cambiar el coche si es tu sueño. Quizá antes también lo hacías pero era a costa de tu futuro, quemando las tarjetas de crédito y regresando a casa con sentimiento de culpa. Al restituir tu situación financiera podrás vivir más desahogado.

Piensa que el sacrificio que tienes que hacer para cambiar tu economía es temporal. No se trata de pasar privaciones toda tu vida, más bien se trata de que te ajustes el cinturón mientras reflotas tu situación, estabilizas la barca de tus finanzas y la llevas a buen puerto. Luego disfrutarás de lo que deseas. Primero entiende por qué quieres cambiar tu situación, luego comprométete a hacer lo que sea necesario y mientras lo hagas piensa que eso va a acabar antes o después y que, si persistes, saldrás de ésta.

Replantéate el estilo de vida que quieres y olvídate de las películas americanas. ¿Cuánto es suficiente para ti? ¿Lo sabes? Si no sabes lo que deseas, puedes quedarte atrapado en la situación de permanente infelicidad. Ahora luchas por conseguir algo que luego quedará pequeño y será insuficiente, así que te verás empujado a perseguir otra cosa con el ánimo de que ésa sea la que verdaderamente deseas, sólo para descubrir que, una vez que la has conseguido, tampoco te satisface plenamente. Si eres de los que nunca tienen suficiente, tienes un problema, y no pequeño precisamente. El deseo está el la raíz de todos los males, decía Buda. Comprar el coche de tus sueños para descubrir al cabo de unos meses que no te ilusiona tanto como pensabas es triste: tienes que seguir pagando las letras durante mucho tiempo por algo que ya no tiene el valor que le atribuías. Vivir atrapado en el sueño de satisfacer todos tus deseos es muy agotador. Siempre habrá espacio para la insatisfacción y por el camino dejarás de valorar lo que ya tienes. No es necesario que persigas nada si antes no has aprendido a disfrutar lo que está a tu alcance en este momento. Si no eres consciente de esto, lo vas a pasar mal el resto de tu vida. ¿De verdad crees que serías más feliz si tuvieras esto o aquello? La felicidad no puede depender de lo que tengas.

No quieras impresionar a los demás. Siempre habrá alguien que tendrá más cosas que tu, será más listo, hará lo que tú no puedas y conseguirá lo que a ti te está vetado. Si vives en la carrera de la ostentación y quieres lograr el amor de los demás gracias a las apariencias, vas a ponerte en situaciones difíciles de manejar. Al contrario, date cuenta de que ya eres quien eres, no tienes que ser nadie más. Ya eres todo lo mejor que necesitas ser. Puedes perfeccionar algunas habilidades y conocimientos, pero ya eres tremendamente bueno. Reconoce tu valor para ti mismo, no es necesario que nadie te quiera; es deseable pero no necesario. En cambio si te frenas en buscar la aprobación de los demás pones tu felicidad en sus manos. ¿Por qué ibas a hacer algo así? Tú puedes ser todo lo feliz que desees sin que los demás te den su permiso. ¿No te das cuenta de que ya eres un ser excepcional? Corriste una carrera en la que competías contra unos 400 millones de concursantes y ganaste tú. ¡El doble de la población de Estados Unidos! Todos en la línea de salida y solamente tú llegaste a la meta. Eso sí que es impresionante.

La amenaza de la hipoteca

Uno de los gastos más significativos en el que incurrimos es el destinado a la vivienda. Adquirir un piso en propiedad se lleva casi el 65 por ciento de los ingresos en seis de cada diez jóvenes que se emancipan, según datos del Observatorio Joven de Vivienda en España. Teniendo en cuenta que el umbral máximo de endeudamiento que aceptan la mayoría de las entidades financieras ronda el 30 por ciento de la renta, esto obliga a muchos jóvenes a pedir ayuda económica a la familia o a probar suerte con fórmulas hipotecarias arriesgadas tales como las hipotecas crecientes, las hipotecas con periodo de carencia o el alargamiento de los plazos de préstamos. En algunos casos estas medidas no son suficientes y el alquiler aparece como la única opción.

Si no tienes capacidad de endeudamiento, no vas a poder hacer frente a la compra de una vivienda, a menos que consigas avaladores. En este caso piensa lo siguiente: los bancos no pierden nunca. Si ellos evalúan tu situación económica y consideran que no pueden financiarte, ¿qué te hace pensar que se equivocan? Seguramente ellos estén considerando el peor de los escenarios desde un punto de vista pesimista, pero puede ser que tú peques de todo lo contrario. No tienes un contrato fijo, pero crees en tus posibilidades, así que piensas que podrías hacer frente a una hipoteca. De hecho, ya llevas tiempo en esa empresa y las perspectivas son buenas. Encuentras una vivienda que te gusta y vas a por ella. El banco te dice que no te financia sin avaladores e inmediatamente piensas en tus padres. Confías en tus posibilidades, así que... adelante. El caso es que, con tus padres como avaladores, aprovechas para pedir dinero extra para financiar los muebles y los electrodomésticos. La letra que te queda es mayor de lo que imaginabas, pero tú sigues convencido de que podrás pagarla. Además, tu pareja está encantada con el proyecto de ir a vivir juntos. Os entregan las llaves, os instaláis y por un momento tenéis la sensación de estar en control de vuestra vida: emancipados y felices. Lástima que la sensación se desvanezca para dejar paso a la realidad. Crisis en el sector, bajada de ventas en la empresa, entrada de otro competidor y tu puesto amenazado. Llegas a casa con un ataque de nervios, tu pareja pregunta por las posibilidades de afrontar un despido y le cuentas lo que crees: la situación está complicada pero saldréis de ella. Los días pasan y todo empeora. Han despedido a algunos compañeros. Al llegar a casa, tu sueño de independencia se desvanece, estás angustiado. La tensión crece y tu pareja se resiente. Quiere ayudarte y pregunta cómo te sientes. A ti te frustra tener que contarle la verdad: la posibilidad de un despido está muy cerca. Una noche de frustración tras otra y al final vuestra vida en conjunto queda afectada. ¿Quién tiene tiempo para detalles cariñosos cuando tu futuro es tan incierto? El día del despido llega antes de lo que pensabas y, aunque cobras una indemnización, te sientes terriblemente mal. Sabes que podrás hacer frente a las letras de la hipoteca durante poco tiempo y que necesitas un trabajo ya. El problema es que el sector en el que tienes experiencia está en crisis y no consigues nada digno. Sigues buscando mientras las jornadas con tu pareja son cada vez más insufribles. Cuando se agota el dinero y no hay con qué pagar las letras, optas por tirar de la tarjeta de crédito. Esto te da unas semanas más para buscar un trabajo. Al final aceptas unas condiciones miserables pero necesitas el dinero. Te sientes terriblemente mal. Ésta no era la vida con que la habías soñado. ¿Por qué te comprarías el piso tan pronto? Tus padres están a tu lado y cuentas con su apoyo, pero sus recursos son escasos y no pueden ayudarte durante mucho tiempo. Cuando llegas a casa, te sientes miserable, has venido a menos y las opciones de promocionar son complicadas. ¿Por qué te ha tenido que pasar a ti? Tu pareja lleva días resentida y el tono de vuestras conversaciones va agriando la relación. ¿Dónde está vuestro proyecto de futuro? Habías prometido que seríais felices el uno al lado del otro, pero la realidad es que uno no puede dar lo que no tiene y, si te sientes infeliz, es difícil hacer felices a los demás. Desde la tristeza es complicado contagiar ánimos. Como un pez que se muerde la cola, la situación parece estancada. Al final los bancos tenían razón al evaluar tu condición económica: no puedes hacer frente a la hipoteca. ¿Qué opciones tienes? Tus padres aparecen como avaladores y van a tener que responder con sus bienes si tú les fallas. No quieres que eso suceda pero tampoco ves cómo evitarlo sin perder la casa. El problema es que entre los gastos de compra y el dinero que utilizaste para los muebles y los electrodomésticos si vendes ahora a duras penas vas a cubrir gastos. Finalmente pones el piso a la venta, pero no hay visitas y al cabo de un tiempo el peso de los pagos se hace tan insostenible que no puedes más. Presionas al vendedor y te cuenta la verdad. Si quieres vender el piso, tienes que hacer una rebaja importante al precio. Una rebaja que te dejará con parte del crédito por pagar.

Podría seguir, pero no hace falta. Espero que te quedes con la idea. Los bancos no pierden nunca. Si te dicen que no calificas para un préstamo, no te ahogues en tu propia arrogancia. Sé muy, muy prudente. La vida, algunas veces, cambia con mucha rapidez.

Muchas personas no pueden permitirse comprar una casa y, a pesar de todo, lo hacen. Luego pasa lo que pasa.

Si tienes una hipoteca por tu vivienda o estás considerando tener una, negocia. No lo dudes. Para los bancos tu deuda es un objetivo comercial. Tus circunstancias personales cuentan poco. Así que olvídate de la amistad con el director de la oficina. No dejes que tu sentido de la fidelidad se interponga en tus objetivos. Él no lo hará porque es un profesional, y tú tampoco deberías hacerlo. Mira la operación fríamente y vete de compras a distintas entidades financieras. Pide condiciones y luego solicita que te las rebajen. Pregunta qué tendría que pasar para que lo que pagaras fuera menos. Ten en cuenta que lo que pagarás de intereses será mucho más elevado de lo que ahora estás pensando.

Accede a través de Internet y haz una búsqueda masiva. Las entidades electrónicas suelen ofrecer mejores condiciones que las tradicionales. Esto es así porque no tienen que repercutir el coste de las instalaciones.

A la hora de contratar tu hipoteca ten en cuenta que no pueden obligarte a contratar un seguro de vida. Solamente el seguro contra incendios es obligatorio, y tampoco es obligatorio hacerlo en la misma entidad. Sólo hay que presentar la póliza del seguro con la cesión de derechos al banco.

En el caso de una hipoteca vinculada, en la cual baja el diferencial dependiendo de los productos que tengas contratados, tales como la nómina, la tarjeta de crédito, el seguro del hogar, el seguro de vida o el plan de pensiones, asegúrate de preguntar los costes de estos servicios. Para poner un ejemplo, imagina que tienes una hipoteca de 150.000 euros y te dicen que si contratas el seguro de vida te bajarán el diferencial un 0,10. Esto significa que al año te bajarán la hipoteca en 150 euros. Por lo tanto, para que te salga a cuenta ese seguro de vida te tiene que costar menos de 150 euros. En caso contrario no vale la pena. Normalmente las entidades con los diferenciales más bajos tienen los seguros más caros que el resto.

Si tienes una hipoteca y otra entidad te dice que puede mejorar tus condiciones, asegúrate de que sea con subrogación, porque si lo hacen con hipoteca nueva el coste es mucho mayor.

Va otro ejemplo: tienes una hipoteca de 200.000 euros al Euríbor + 0,70 y te dicen que pueden mejorarla al Euríbor + 0,50. Esto significa que te ahorrarías al año 400 euros, es decir, pagarías 33,3 euros menos al mes. Por tanto, si los gastos de hacer una subrogación fuesen de 1.200 euros, tardarías tres años en recuperar estos gastos; por el contrario, si haces una cancelación y te cuesta en total 6.000 euros, tardarás quince años en recuperar ese gasto.

Euríbor es el acrónimo de **Eur**opean **I**nter**b**ank **O**ffered **R**ate. Es el tipo de interés de referencia al que las entidades financieras se prestan dinero en el mercado interbancario europeo.

Además, al hacer la subrogación le llega a tu banco la oferta que has firmado con la nueva entidad, y quizá te igualen las condiciones. En ese caso conseguirías mejorar la hipoteca sin soportar el gasto.

También hay entidades que pueden ofrecerte bajar tu cuota ampliando años. En esos casos tienes que tener en cuenta que cuanto más alargues la hipoteca, más intereses pagarás, porque amortizarás menos capital.

Otra situación en la que puedes encontrarte es que te ofrezcan un periodo de carencia. Supongamos que se trata de una hipoteca a treinta años con un periodo de carencia de dos años. Eso quiere decir que durante esos dos años pagarás solamente intereses. Lógicamente cuando se acabe la carencia la cuota será más alta, dado que lo que no se ha amortizado durante estos años luego hay que devolverlo en dos años menos. Es decir, lo que tenías que devolver en treinta años ahora lo tendrás que pagar en veintiocho.

También hay que tener cuidado con las hipotecas crecientes, en las cuales al principio pagas una cuota reducida que va aumentando con el paso del tiempo, porque, si la economía atraviesa una época de aumento de los tipos de interés de referencia, pagarás más porque te afectará dicha subida y además tendrás la subida del capital que amortizas cada mes. Eso puede ser mucho dinero.

Aquí te ofrezco la comparativa entre una hipoteca a treinta años, una a cuarenta años y una a treinta años con doce meses de carencia.

No te dejes intimidar por las tablas. Son muy fáciles de interpretar. En la primera columna está el periodo al cual se hace referencia: el mes de enero, de febrero, etcétera. En la segunda está la cuota, es decir, lo que vas a pagar al banco durante ese mes. En la columna de amortización está indicada la parte del dinero que pagas que va destinada a la compra de tu vivienda, el resto del dinero que pagas es en concepto de intereses; por ejemplo, si tu cuota es de 1.098,22 euros, y la amortización es de 231,55 euros, significa que a la compra de tu casa le has dedicado solamente esta cantidad de 231,55 euros, y que has pagado la diferencia en concepto de intereses. En la columna de intereses está justamente esta cantidad que das al banco cada mes por haberte prestado el dinero y que es realmente como si estuvieras trabajando para el banco (de hecho estás trabajando para el banco). La columna siguiente es la del acumulado. Lo que indica es la cantidad de dinero que llevas pagada por tu casa realmente, sin tener en cuenta lo que llevas pagado de intereses; en el siguiente ejemplo verás que al cabo de seis meses el acumulado es de 1.404,45 euros, esto significa que, aunque has pagado 6.589,32 euros (seis cuotas de 1.098,22 = 6.589,32), en realidad a tu casa sólo se han destinado 1.404,45 euros; la diferencia, 5.184,87 euros (6.589,32 – 1.404,45 = 5.184,87), se la has regalado al banco por haberte prestado el dinero.

Veamos el primer ejemplo. Solicitas una hipoteca de 200.000 euros a treinta años. El interés es del 5,32 TAE.

TAE significa Tasa Anual Equivalente y es una medida que indica el interés real que vas a pagar por un préstamo. El Banco de España establece que en toda operación financiera la entidad de crédito tiene la obligación de comunicar el TAE. Esto es así para facilitar los cálculos reales de lo que vas a pagar. Por ejemplo: si el tipo de interés de un crédito está expresado en tasa trimestral, y otro crédito viene en tasa semestral, estos dos tipos de interés no son directamente comparables. Para poder compararlos necesitamos conocer el TAE.

Éste es el cuadro de amortización de los primeros 14 meses:

Fecha	Cuota	Amortización	Intereses	Acumulado	Pendiente
Enero	1.098,22	231,55	866,68	231,55	199.768,45
Febrero	1.098,22	232,56	865,66	464,11	199.535,89
Marzo	1.098,22	233,56	864,66	697,67	199.302,33
Abril	1.098,22	234,58	863,64	932,25	199.067,75
Mayo	1.098,22	235,59	862,63	1.167,84	198.832,16
Junio	1.098,22	236,61	861,61	1.404,45	198.595,55
Julio	1.098,22	237,64	860,58	1.642,09	198.357,91
Agosto	1.098,22	238,67	859,55	1.880,76	198.119,24
Septiembre	1.098,22	239,70	858,52	2.120,46	197.879,54
Octubre	1.098,22	240,74	857,48	2.361,20	197.638,80
Noviembre	1.098,22	241,79	856,43	2.602,99	197.397,01
Diciembre	1.098,22	242,83	855,39	2.845,82	197.154,18
Enero	1.098,22	243,89	854,33	3.089,71	198.910,29
Febrero	1.098,22	244,94	854,28	3.334,65	196.665,35

Esta hipoteca de 200.000 euros a treinta años al 5,32 TAE va a suponer pagar un total de 395.360,77 euros, de los cuales 195.360,77 habrán sido intereses. Es decir, vas a pagar casi el doble de lo que te han dado, y en intereses solamente ya pagarás casi la misma cantidad solicitada.

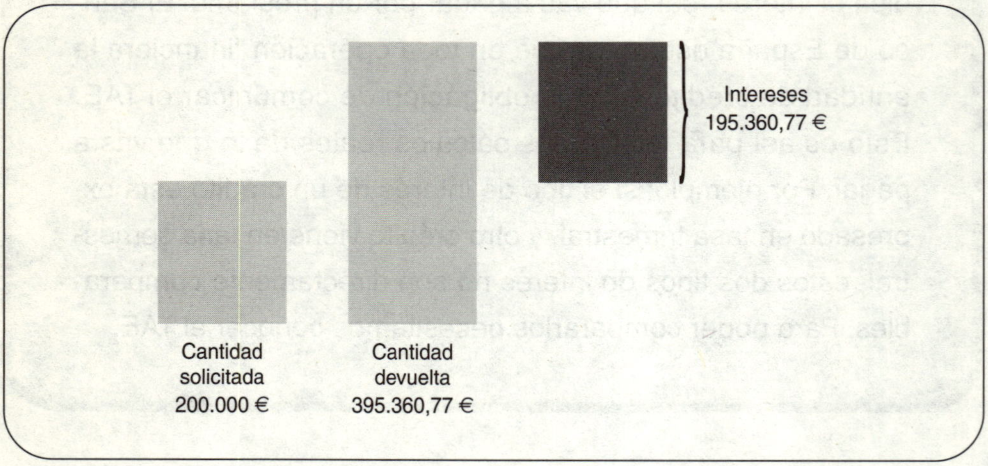

En el primer año habrás pagado 13.178,64 euros, 2.845,28 corresponderán a la compra de tu casa, y 10.333,36 serán intereses, es decir, más de tres veces y medio la cantidad destinada a tu casa vas a tirarla a la basura.

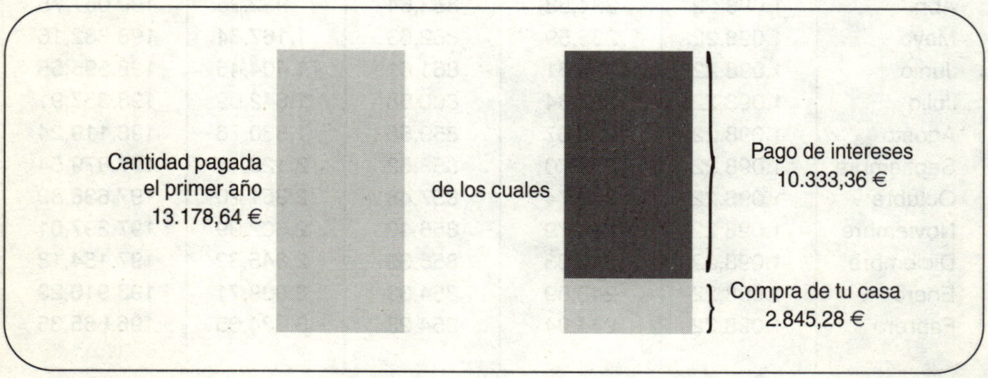

Veamos el ejemplo de una hipoteca de 200.000 euros a cuarenta años al 5,32 TAE. No tienes el dinero necesario pero eres joven, así que solicitas una hipoteca que vas a pagar durante mucho, mucho tiempo.

Fecha	Cuota	Amortización	Intereses	Acumulado	Pendiente
Enero	991,03	124,36	866,67	124,36	199.875,64
Febrero	991,03	124,90	866,13	249,26	199.750,74
Marzo	991,03	125,44	865,59	374,70	199.625,30
Abril	991,03	125,99	865,04	500,69	199.499,31
Mayo	991,03	126,53	864,50	627,22	199.372,78
Junio	991,03	127,08	863,95	754,30	199.245,70
Julio	991,03	127,63	863,40	881,93	199.118,07
Agosto	991,03	128,19	862,84	1.010,12	198.989,88
Septiembre	991,03	128,74	862,29	1.138,86	198.861,14
Octubre	991,03	129,30	861,73	1.268,16	198.731,84
Noviembre	991,03	129,86	861,17	1.398,02	198.601,98
Diciembre	991,03	130,42	860,61	1.528,44	198.471,56
Enero	991,03	130,99	860,04	1.659,43	198.340,57
Febrero	991,03	131,55	859,48	1.790,98	198.209,02

Esta hipoteca de 200.000 euros a cuarenta años al 5,32 TAE va a suponer pagar un total de 475.701,53 euros, de los cuales 275.360,77 habrán sido intereses.

En el caso de la hipoteca a cuarenta años consigues que la cuota que has de pagar cada mes sea más pequeña. En este ejemplo la cuota es 107,19 euros menor que en caso de una hipoteca a treinta años. Esta cantidad es aproximadamente lo que gastarías si fueras a cenar un par de veces al mes fuera de casa a un lugar normalito con tu pareja; en cambio supone que al final vas a devolver al banco el dinero prestado en primer lugar (200.000 euros) más otra vez el dinero prestado (200.000 euros) más 75.000 euros. ¿Me explico? Vas a solicitar 200.000 pero ¡vas a devolver 475.000!

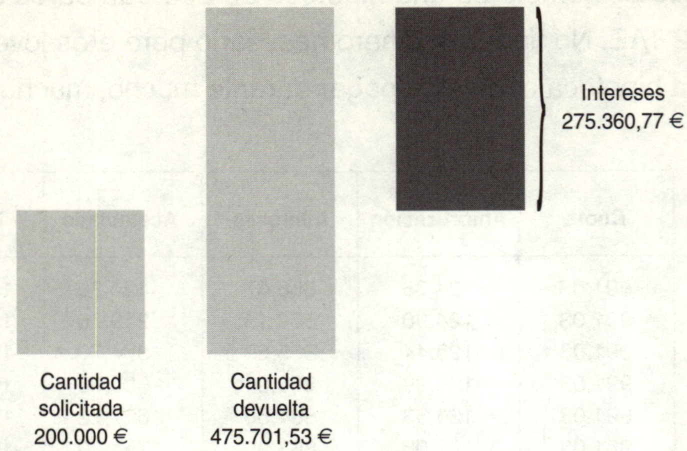

Mira lo que pasa después del primer año. Habrás pagado cuotas por valor de 11.892,36 euros, pero en realidad de los 200.000 solicitados seguirás debiendo 198.471,56 euros, es decir, casi la misma cantidad que has pedido, sólo que ya has pagado casi 12.000 euros. Como solamente has amortizado 1.528,44 de la casa, el banco te va a seguir cobrando intereses por 198.471,56... que es casi exactamente lo que te ha prestado al inicio pero un año más tarde. A todo esto tienes que sumarle el hecho de que en cuarenta años pueden pasar muchas cosas: crisis en el sector inmobiliario, subidas del tipo de interés, problemas de pareja. Una situación arriesgada sin duda alguna.

Imagina que solicitas una hipoteca de 200.000 euros a treinta años con doce meses de carencia al 5,32 TAE. Es decir, te van a dejar ese dinero y durante el primer año sólo vas a pagar intereses, la parte correspondiente a la compra de la casa no va a estar. Las cuotas van a ser menores durante ese primer año, puesto que solamente pagarás intereses, pero veamos qué pasa más adelante.

Fecha	Cuota	Amortización	Intereses	Acumulado	Pendiente
Enero	866,67	0	866,67	0	200.000
Febrero	866,67	0	866,67	0	200.000
Marzo	866,67	0	866,67	0	200.000
Abril	866,67	0	866,67	0	200.000
Mayo	866,67	0	866,67	0	200.000
Junio	866,67	0	866,67	0	200.000
Julio	866,67	0	866,67	0	200.000
Agosto	866,67	0	866,67	0	200.000
Septiembre	866,67	0	866,67	0	200.000
Octubre	866,67	0	866,67	0	200.000
Noviembre	866,67	0	866,67	0	200.000
Diciembre	866,67	0	866,67	0	200.000
Enero	1.114,07	247,40	866,67	247,40	199.752,60
Febrero	1.114,07	248,48	865,59	495,88	199.504,12

Esta hipoteca de 200.000 euros a treinta años, con doce meses de carencia, al 5,32 TAE va a suponer pagar un total de 398.099,82 euros, de los cuales 198.099,82 habrán sido intereses. Es decir, otra vez vas a pagar casi el doble de lo que has pedido. Comienza a dejar de decir que tu casa te costó 200.000 euros, cuando en realidad te costó el doble.

Al tener un periodo de carencia de doce meses, durante ese tiempo vas a haber pagado un total de 10.400,04 euros, pero seguirás debiendo al banco los 200.000 que te prestó. Ahora vas a tener que devolverlos pero con un año menos de plazo con lo que las cuotas van a ser mayores.

Disminuye tus gastos al comer

Otra de las partidas que se lleva más dinero es la alimentación. Lo que te propongo es que hagas una evaluación por si incurres en algún hábito que pueda estar costándote más de lo que puedes permitirte en estos momentos. Básicamente puedes estar comprando alimentos más caros de lo necesario, por no haber planificado tus compras y atraparte en la compra impulsiva, o puedes estar comiendo fuera de casa donde siempre pagarás más. Sí, ya sé, tienes razón, comer fuera de casa es, muchas veces, un acto social; quizá vayas con tu pareja de vez en cuando para desconectar un poco y evitar tener que cocinar, o tal vez vayas con tus hijos, a los que quieres dar un capricho, y también están los amigos con los que lleváis tiempo quedando para estos menesteres. Pero el caso es que si estás en fase de ahorro no es por gusto, sino por ser el medio que te permitirá salir de la situación en la que te has metido. Ya sé que es muy gratificante comerte los alimentos que otros han preparado, compartirlos con tus seres queridos y regarlo todo de un buen vino, pero resulta que no te lo puedes permitir. No puedes. Tienes que cortar con esto de momento. Llegarán tiempos mejores, pero siempre después de haber pasado por ahí. Mientras tanto busca maneras más económicas de alimentarte y socializar.

Empecemos con cosas de sentido común. Si comes fuera de casa, aparte de la comida, estás pagando la elaboración, el servicio y el local. He escuchado algunos comentarios de indignación sobre los precios de un café en ciertos establecimientos. Es sólo un capuchino, dicen, ¿cómo pueden cobrarme tres euros por esto? Bueno, pues porque lo que te cobran no es solamente café, leche y cacao, también está el alquiler del local, el sueldo de los camareros, la amortización del sofá en el que te sientas y el que te lo puedas tomar justo en este momento. ¿Vas pillando la idea?

Si quieres ahorrar al comer, cocina tus propios alimentos.

Los alimentos que compras están en distintos grados de elaboración. Piensa que cuanta más elaboración más caros resultan. Al precio del producto hay que añadirle el coste de la elaboración.

Algunas ideas para ahorrar en tu alimentación:

$ Come en casa de otros. Quizá su economía esté mejor que la tuya. Ve a comer a casa de tus padres o de tus suegros o de tus hermanos. Mi abuela siempre decía que donde comen cuatro comen cinco. No es muy elegante pero estamos hablando de medidas temporales. Establece una ruta y ve los lunes a casa de uno y los martes, de otro. Ya los invitarás a tu casa cuando la cosa te vaya mejor.

$ Come menos. Quizá descubras que no es necesario que comas tanto de todas formas. Probablemente estés comiendo por encima de tus necesidades, así que tu salud puede que te agradezca el que te prives de algunas comidas grasientas o de algunos azúcares refinados. Aprende a comer despacio y no necesitarás comer tanto porque quedarás saciado antes. Tu organismo tiene un mecanismo que te comunica cuándo has comido ya bastante al generarte una sensación de hartura. El problema es que necesita cierto tiempo para hacer efecto, reduce la velocidad de masticación, saborea cada bocado, apaga la televisión mientras comes, si comes acompañado céntrate en la otra persona y establece con ella un diálogo, deja tiempo a que tu cuerpo perciba que ya has comido lo necesario. Si eres muy friky, puedes comer con los ojos vendados.

Paul McKenna, un famoso hipnotizador, hizo un experimento en el que invitaba a comer a un grupo de personas a un restaurante y les daba todo lo que querían. Al día siguiente las volvía a invitar con el mismo menú que la vez anterior, pero esta vez las hacía comer con los ojos vendados. Al estar privadas de la vista las personas comieron un 24 por ciento menos de media.

$ Toma alimentos menos elaborados. Suelen ser más baratos porque no tienen que amortizar el procesado. Retorna a las ensaladas crudas, a las frutas naturales, al arroz, a las legumbres y a las verduras. Come carne a la plancha y bebe agua. Te lo agradecerá tu cartera y tu salud.

$ Evita productos precocinados o listos para servir. Cocínalos tú mismo. Son más rápidos de hacer, sí, pero también más caros y menos saludables. Invierte un poco de tiempo en cocinar para ti. Al fin y al cabo eres lo que comes, así que no está mal que cuides un poco lo que te metes en el cuerpo. Si decides cocinar para ti, puedes terminar descubriendo todo un fascinante mundo de posibilidades. Además de ejercer tu faceta creativa y artística podrás aprender a elaborar guisados y pasteles caseros con los que agasajar a tus anfitriones. También podrás ahorrarte un dinero en regalos caros. Regala uno de tus platos preferidos.

$ Haz la lista de la compra antes de salir de casa. Muy, muy importante. No salgas a comprar sin haber planificado antes. Piensa en el menú de la semana y en los ingredientes necesarios. Con una semana a la vista puedes reducir tu gasto eligiendo comidas más económicas pero igual de equilibradas.

$ Compra solamente lo que has apuntado en la lista. De esta forma te será más fácil escapar de las tentaciones que se esconden en tu camino. Cuanto más tiempo pases en la tienda más peligro de sucumbir, así que haz tus compras rápidamente. Más adelante te cuento las trampas que te tienden los expertos en merchandising para atrapar tu dinero.

$ Compara precios atendiendo al coste por kilo. Elige los más económicos.

$ Elige productos baratos pero nutritivos. Tu cuerpo necesita carbohidratos, proteínas y grasas. Una vez ingerido el alimento tu sistema lo descompondrá para reducirlo a los elementos más básicos, así que a tu paladar quizá le guste más el pollo campero, pero a tu cuerpo le da igual que sea campero o no. Va a reducir sus proteínas hasta obtener los aminoácidos que necesita.

$ Llévate el tique de compra, repasa que esté bien y guárdalo. Cuando tengas varios, compáralos e identifica en qué te gastas más dinero. Intenta buscar alternativas nutricionales a los productos más caros.

$ Es preferible que hagas una compra grande al mes a cuatro más pequeñas. Así evitarás gasolina en desplazamientos y podrás aprovechar las ofertas al por mayor.

$ Compra en tamaños grandes antes que en pequeños. Los comercios suelen ofrecer mejores precios si la cantidad que compras es mayor.

$ Acude a almacenes al por mayor o a tiendas de alimentos a bajo coste. Las tiendas de compra rápida, así como las tiendas de las gasolineras son muy caras. Evítalas.

$ Compara precios por Internet y haz tus números. Quizá te convenga hacer las compras de ciertos alimentos en distintos establecimientos. Descubre qué supermercados tienen la carne mejor de precio, cuáles son más baratos en productos de limpieza y cuáles en los derivados lácteos y haz tus compras personalizadas.

$ Muchas tiendas de alimentación tienen servicio de entrega a domicilio gratuito, aprovéchalo y ahorra en gasolina (y en tiempo). Puedes ir personalmente y hacer la compra y que ellos te la entreguen a tu conveniencia, o puedes comprar por teléfono o por Internet.

$ Algunos almacenes disponen de recetas equilibradas en las que aparecen los precios de los distintos ingredientes. Receta por receta compra aquellas que cubran tus necesidades nutricionales a un coste menor.

$ Elabora un menú semanal y planifica con él tus compras.

$ Prepara siempre tus desayunos. Comprarlos fuera de casa es una opción muy cara.

$ Llévate la comida si comes en el trabajo. Elabórala la noche anterior.

El poder del 'merchandising' al descubierto

«Una vez que el cliente entra en la tienda, se ha logrado el objetivo fundamental, entonces se convierte en un cliente potencial que debe ser aprovechado para venderle algo». Esta lindeza es una declaración de intenciones en un manual de *merchandising,* la disciplina que estudia tus hábitos de consumo y diseña y ubica los productos para venderte más de lo que quieres.

Lo sepas o no, cuando vas a comprar a un supermercado es como si entraras en una gran trampa diseñada para cazar tu dinero. Todo un equipo de profesionales que estudian las conductas impulsivas, el efecto de los colores en tu comportamiento, la música y el efecto del espacio. Psicólogos, sociólogos, antropólogos y gente del departamento de marketing y publicidad aportan su conocimiento para conseguir que gastes ahí todo lo posible y más. Son los expertos en *merchandising* y saben que no pueden dejarte escapar con tu dinero porque tal vez te lo gastes en otras tiendas y luego no les quede a ellos, y que lo mejor es exprimirte en cuanto les des la oportunidad.

En algunas secciones hay cámaras ocultas estudiando cómo reaccionan los clientes ante ligeros cambios en la disposición de los productos. Son verdaderos experimentos de psicología social aplicada a la venta.

Así que la distribución del espacio, la colocación de los productos, su ubicación, los colores, los olores, los sonidos y, en definitiva, cualquier elemento capaz de influir en tu decisión de compra están perfectamente estudiados para que tu mano se vaya directa e incansablemente de producto en producto. Al final el importe total siempre es más caro de lo que pensabas, aunque difícilmente te arrepientas de lo que haces. Ni en el caso de que tus compras sean evidentemente inadecuadas tendrás sentimientos de haberte equivocado. De todas formas has aprovechado bien las ofertas y esas chocolatinas de última hora tienen una pinta tan irresistible...

Cuando las personas nos vemos en el lance de tomar una decisión, elijamos como elijamos, siempre habrá algo a lo que renunciemos. ¿Y si nos hemos equivocado?, ¿y si era mejor la otra opción?, ¿seguro que has hecho lo correcto?, mira que si no es así... No podríamos vivir con tantas dudas en nuestras vidas, así que ponemos en marcha un proceso inconsciente al que los psicólogos se refieren con el nombre de disonancia cognitiva. Justo después de tomar una decisión nuestra mente genera argumentos a favor de lo que hemos elegido y en contra de las demás alternativas. Así que nos hacemos sentir bien con nuestras decisiones y nos cuesta cambiar de idea una vez posicionados.

Quiero desvelarte aquí algunas de las trampas del *merchandising* para que no caigas en ellas. Su estrategia global consiste en hacerte ir hasta el fondo del establecimiento, donde encontrarás lo que habías previsto comprar, y en el recorrido te tentarán con todo tipo de productos con los que no contabas. Cuanto más largo sea tú recorrido más tentaciones habrá en las que puedas caer.

¿Te has preguntado alguna vez de qué viven las grandes superficies? Su negocio no es tanto la venta de productos como el alquiler de espacio. Básicamente ceden ciertos metros de lineal a los fabricantes. Ellos ponen el local y los proveedores, los productos. Además de hacer pagar a los fabricantes unos precios muy elevados para poder exponer sus productos y de someterlos a unas condiciones de alquiler muy duras, frecuentemente sus acuerdos incluyen la fabricación y el envasado de ciertos productos con un etiquetado distinto al del fabricante. Se trata de las llamadas marcas blancas. No las producen los dueños de las grandes superficies sino sus proveedores como condición previa a poder exponer en sus locales.

Una forma de reducir tu compra va a ser centrarte en la marca blanca, es decir, la marca del establecimiento. Generalmente son productos de la misma calidad pero a un precio significativamente más reducido. No tienen que amortizar la publicidad sencillamente porque no se publicitan, y a ti te pueden parecer menos buenos que otros mucho más conocidos. Pero esto es así porque ésos llevan tiempo en tu cabeza. Entraron seguramente a través de campañas televisivas, te resultan más familiares y acabas confundiendo esto con que son mejores. No tiene por qué ser cierto.

Los especialistas en prepararte estas trampas han comprobado empíricamente que, una vez que estamos dentro de un establecimiento, preferimos dirigirnos hacia la derecha y circular en sentido contrario a las agujas del reloj. Eso crea un cierto flujo natural que es explotado. Por este motivo generalmente te harán entrar por la parte derecha de la línea de cajas registradoras. No es casualidad. Los productos de primera necesidad, como el pan o las carnes, te estarán esperando al fondo del establecimiento. No los ves al entrar, pero vas a ir a comprarlos igualmente.

Estos establecimientos saben en qué zonas de su establecimiento los productos se venden más (zonas calientes) y en cuáles se venden menos (zonas frías), así que disponen los productos de primera necesidad en las zonas frías, ya que saben que igualmente vas a comprarlos, y aprovechan las zonas calientes para las promociones y para ubicar los productos con un alto margen de beneficio.

La colocación de los productos en las góndolas también sigue sus reglas. Están diseñadas para que tengan cinco estantes. A la altura de los ojos y a la altura de la mano irán los productos que les dan más beneficio porque ahí su venta es más fácil, más cómoda y más impulsiva; en la parte de abajo, más cercana al suelo, dispondrán productos imprescindibles. Saben que el valor comercial de los estantes es muy diferente y les hacen pagar a sus proveedores distintas cantidades según en cuál quieran exponer sus productos.

Los establecimientos identifican los productos más vendidos y se aseguran de disponerlos separados los unos de los otros. De esta manera te fuerzan a que recorras un trayecto mayor y te expongas a más trampas.

Saben que el tiempo que pasará una persona de media en un hipermercado es de casi una hora, y que con la música pueden alargar ese tiempo, así que generalmente escucharás ritmos suaves y agradables.

Disponen los productos de compra impulsiva cerca de las cajas. De esta manera, mientras haces cola para pagar, puedes picar el anzuelo. En algunos supermercados en Estados Unidos he visto verdaderos túneles de ofertas tentadoras por los que era necesario pasar para poder pagar mis compras.

Los carritos de la compra no van en línea recta, sino que se desvían hacia la izquierda. De esta manera te fuerzan a sujetarlos con la mano izquierda, lo que deja la mano derecha libre para coger los productos que están a su alcance. Están diseñados de manera que la parte del fondo, donde depositas los productos, está inclinada hacia ti con una ligera pendiente. Han comprobado que de esta manera la sensación de estar llenando el carro se mitiga y compras más cantidad de lo que harías con un carro de fondo llano.

El ancho de los pasillos no es superior al de tres carros; de esta manera tendrás que detenerte frecuentemente y quedarás expuesto a los productos de ambos lados.

También saben que te atraen más los precios terminados en 5, en 7 y en 9 y que un producto a 99 euros vende mucho más que a 100 euros.

No es mi intención que te vuelvas paranoico con esta información. Solamente comparto algunas técnicas para que veas cuán estudiado estás. Ahora, sabiendo que todo está dispuesto para que compres más de lo que quieres, relee las sugerencias del apartado anterior y haz una lista antes de ir a comprar. No salgas sin ella. Limítate a cumplir con tu objetivo, pasa el menor tiempo posible en la tienda y no sucumbas a las tentaciones. Están ahí para que te dejes el dinero.

Prestaciones sociales y ayudas a tu disposición

Estás pagando tus impuestos, que, entre otras cosas, se destinan a ayudar a personas que están en una situación complicada. Si hay un servicio de guardería municipal al que tienes derecho, quizá puedas disminuir el gasto en contratar a ese canguro para poder ir a trabajar. Algunas de las prestaciones que existen pueden ser de tu interés y es una buena idea que te informes. Lamentablemente, por no hacer los deberes, algunas personas en situaciones financieras difíciles dejan de percibir una ayuda que les pertenece y que está concebida para ellas. Me cuesta mucho entender a mis clientes cuando no están aprovechando los recursos que están a su disposición por no haberse informada adecuadamente. Vivimos en la era de la información, ¿qué sentido tiene que sepas la alineación de tu equipo de fútbol, o cuánto cuesta cada modelo de alerón que podrías poner en tu coche, o a qué precio se vende el nuevo modelo de bolso de esta temporada de tu diseñador favorito y no sepas qué prestaciones sociales pueden apoyarte?

El Ministerio de Trabajo y Asuntos Sociales publica una guía de lectura obligada. En ella encontrarás información detallada sobre los siguientes temas:

$ Prestaciones económicas por nacimiento o adopciones de hijos.
$ Prestaciones por hijo o menor acogido a tu cargo.
$ Permisos parentales por maternidad, paternidad, riesgo durante el embarazo, reducción de la jornada laboral...
$ Excedencias por cuidado de familiares o de hijos.

$ Prestaciones por desempleo de nivel asistencial.
$ Programas de fomento del empleo.
$ Beneficios fiscales por hijos tanto a nivel estatal como autonómico.
$ Ayudas sociales a familias numerosas.
$ Prestaciones de servicios sociales a las familias.
$ Servicios que existen para el cuidado de niños menores de 3 años.
$ Programas de apoyo a familias en situaciones especiales (familias monoparentales, situaciones de riesgo...).
$ Ayudas en materia de vivienda.
$ Ayudas para familias con personas en situación de dependencia.

Asegúrate de averiguar también qué medidas hay disponibles en tu comunidad. Generalmente obtener esta información es muy sencillo y basta con desplazarte al ayuntamiento y preguntar, navegar por Internet o hacer unas llamadas telefónicas.

Revisa tus seguros

El corredor y el agente de seguros trabajan como intermediarios entre las entidades aseguradoras y sus clientes. Pero mientras que el agente es un mediador que trabaja para una determinada empresa aseguradora, el corredor de seguro tiene vía libre para trabajar con las empresas aseguradoras que convengan a sus clientes y no está atado. Entiende que en muchos casos el agente te va a recomendar el mejor seguro entre el abanico de ofertas de la empresa que representa mientras que el corredor puede buscar un seguro que se ajuste a tus necesidades entre muchas más empresas. Puedes ir al corredor habiendo presupuestado una cierta cantidad que estimes conveniente y pedirle que te presente ofertas dentro de esa cifra. En cualquier caso asegúrate de no estar pagando por coberturas que no necesitas. ¿De verdad tienes que tener el hogar asegurado por si un satélite se estrella en la azotea?

Compara los precios del seguro de tu vehículo por lo menos con cuatro proveedores distintos. Elige el que te ofrezca la misma cobertura a un precio más económico. Los precios pueden variar mucho en un lugar o en otro. Haz tus deberes. Pregúntate también si es necesario que tengas un seguro a todo riesgo si vas con un coche destartalado. En caso de que el seguro del coche ya incluya asistencia en carretera, no dupliques ese gasto contratando la asistencia por separado en otra empresa.

También puede ser que estés pagando por la posibilidad de tener un coche de sustitución en caso de que tengas un accidente. En ese caso analiza si éste es un concepto del que puedas prescindir. Hará más barato tu seguro.

Reducción de gastos del vehículo

El coche es una fuente muy importante de gasto y una de las compras más significativas que vas a hacer junto con la casa.

Ten en cuenta que vas a pagar el seguro, la gasolina, los impuestos, los peajes, las multas, el aparcamiento, las averías y el mantenimiento. Además, supone un bien que se va a ir depreciando, con lo que, antes o después, dejará de servir a su propósito.

Algunas ideas para ahorrar en el vehículo:

$ No lo compres. Quizá creas que lo necesitas, pero tal vez no sea así. Puede ser que tengas un viejo vehículo que aún te sirva o puede ser que no tengas coche y te estés planteando comprar uno. Si no puedes permitírtelo, no te lo compres. Ya lo harás cuando puedas. Sí, sé que es un engorro tener que utilizar otros medios de transporte pero tener coche puede ser muy caro. Si lo que consideras es comprar un segundo vehículo, la respuesta es la misma: no lo hagas. Pon ese dinero a trabajar para ti y luego, con su rendimiento, vuelve a plantearte si de verdad quieres otro coche.

$ Ve andando, en bicicleta o en transporte público si te es posible. La mayoría de desplazamientos cortos que harás en tu ciudad serán a menos de dos kilómetros de distancia. Puedes ir caminado y de paso haces ejercicio. Comprendo que quieras el coche para distancias más largas a zonas mal comunicadas o cuando necesites transportar elementos pesados pero para distancias cortas deja el coche donde está y ve a pie. Ahorrarás gasolina, puesto que es dentro de la ciudad y con marchas cortas cuando más se dispara el consumo, y ahorrarás en aparcamientos. Una opción muy saludable es la bicicleta. Si la distancia es razonable, el desplazamiento en bicicleta es una buena opción. Te pones en forma, te ahorras dinero y llegas cómoda y rápidamente. Si además es una bicicleta vieja, podrás aparcarla casi en cualquier sitio. En caso de que tengas transporte público a tu alcance utilízalo. Una vez que te hayas acostumbrado te resultará muy cómodo. Fui a Barcelona en tren desde Sabadell durante más de cinco años cinco días a la semana y tengo que decirte que aproveché para leer muchos, muchos libros que luego me sirvieron de base para apoyar a otras personas a cambiar sus vidas. Es la ventaja de no tener que estar al volante de un coche, pendiente del tráfico.

$ Que te lleven otros. Busca personas en tu barrio o en tu ciudad que se desplacen a trabajar al mismo sitio que tú y pide que te lleven. Cuelga un anuncio en el tablón del supermercado o pregunta en los bares más cercanos. Te sorprenderías si supieras con qué cantidad de vecinos compartís destino.

$ Utiliza un coche compartido. Ponte en contacto por Internet con asociaciones de usuarios de *carpooling*. Básicamente se trata de compartir los desplazamientos con otras personas que van al mismo destino. Si trabajas en el centro de la ciudad, y vives en las afueras, puedes llevar a otros pasajeros en tu vehículo a cambio de una cuota, o ir tú en el de otros por un módico precio.

$ Si tienes que comprarlo, que sea de segunda mano. Un vehículo nuevo vale un 16 por ciento menos un minuto después de haberlo comprado en concepto del IVA, y se deprecia más de un 40 por ciento en los primeros tres años. Trabajé en una empresa de inversiones financieras en Forex, y el gerente, un holandés muy espabilado, me confesó una de las claves que le habían permitido ser rico: «Mantén las cosas todo lo sencillas que puedas, pero no más, y utiliza el sentido común. ¿Quieres un coche? Cómpralo siempre de segunda mano. Yo siempre lo he hecho así y he conseguido verdaderas gangas a buen precio y con buenas prestaciones. Es una tontería pagar más si puedes pagar menos». Ten presente que te hablo de una persona que podía comprarse el coche que quisiera.

$ No compres un coche demasiado viejo, puesto que corres el riesgo de pagar mucho en reparaciones o al prepararlo para pasar inspecciones. Haz que un mecánico de confianza revise el vehículo antes de comprarlo. No tengas prisa para hacer tu compra. Huye de los impulsos. Sí, tal vez ese coche parece la oportunidad de tu vida, pero hay otros. Tú asegúrate de estar comprándolo con la cabeza y no con el corazón. Aunque el coche te resulte atractivo y la idea de comprarlo te asalte, si te dejas llevar por tus impulsos pagarás más de la cuenta.

> «En una negociación, el que necesita pierde». Jim Camp.

$ Repasa las ofertas de vehículos de exposición o de demostración. Los utilizan los concesionarios para que sus clientes puedan probar el modelo antes de comprarlo, y por este motivo tienen un precio más reducido.

$ Infórmate sobre los vehículos de sustitución. Son los que se prestan a los clientes que tienen su coche en el taller del concesionario para que puedan utilizarlo mientras se efectúa la reparación. También tienen un precio menor.

$ Prueba con los coches «kilómetro 0». Son vehículos nuevos ya matriculados por el concesionario pero que no se han utilizado nunca. Esto es así porque muchos concesionarios matriculan un número de vehículos para cumplir los objetivos comerciales que tienen asignados, que no se corresponden con las ventas reales. Ese excedente de coches suele ponerse a la venta a un precio menor.

$ Si finalmente vas a comprar un coche nuevo, opta por un modelo que combine un precio de compra bajo con depreciación, financiación, seguro, gasolina, mantenimiento y costos de reparación también bajos.

$ Una vez que tengas claro qué modelo te interesa y qué accesorios necesitas, compara precios entre distintos concesionarios. Ponte en contacto con varios, hazles saber tus intereses y diles que vas a comparar sus ofertas con otros establecimientos, luego hazlo.

Uno de los principales gastos de un coche es la gasolina. Reducir significativamente su consumo es sencillo si mejoras tu forma de conducir. Aplica los siguientes principios:

$ Asegúrate de mantener siempre los neumáticos hinchados a la presión adecuada. Si la presión no es la correcta, se gastarán antes los neumáticos, pero también aumentará el consumo de combustible.

$ Modera tu velocidad. Por encima de los 100 kilómetros por hora se dispara el consumo de carburante. Conducirás con mucha más seguridad pero también de forma más económica.

$ Cuando arranques el motor, no pises el acelerador. Deja que arranque sin tu ayuda.

$ Si tu coche lleva un motor diésel, espera un momento antes de ponerte en movimiento. En los primeros minutos de conducción no aceleres bruscamente.

$ El aire acondicionado puede aumentar el consumo de carburante hasta en un 25 por ciento. Quizá quieras moderar su uso, pero piensa que si conduces con las ventanas abiertas también aumentas el consumo.

$ Limita el uso de la primera marcha a unos pocos metros y pasa lo antes posible a marchas largas.

$ Cambia de marcha entre las 2.000 y las 2.500 rpm si tu coche lleva un motor de gasolina, y entre las 1.500 y las 2.000 rpm si es diésel.

$ No subas de revoluciones el motor de forma innecesaria y utiliza marchas largas preferentemente.

$ Tu circulación tiene que ser fluida y suave, nada de acelerones bruscos ni frenadas secas.

$ Cuando quieras reducir la velocidad, no aceleres; deja que el coche se vaya frenando con suavidad. Espera todo lo que puedas a poner marchas cortas.

$ Siempre que puedas para el coche utilizando los frenos y sin reducir la marcha innecesariamente.

$ Si vas a hacer una parada larga, apaga el motor.

$ Compara los precios de distintas gasolineras y reposta en la más económica. Aprovecha si hacen descuento por consumo o dan bonos de carburante.

$ Ten presente que la gasolina en las autopistas es un 10 por ciento más cara que en ciudad. Haz la previsión antes de emprender el viaje y así no tendrás que parar a repostar a medio camino.

$ Asegúrate de aparcar en el lugar correcto y de la forma apropiada, conduce bien para evitar multas. En caso de ser multado recurre la sanción si crees que tienes posibilidades de evitar el pago. Si la multa es justa, paga lo antes posible para acogerte al descuento, toma nota del motivo de la sanción y evita hacer lo mismo que has hecho en el futuro.

Reduce la factura del gas

¿Sabías que casi la mitad de la energía que gasta una familia es para calentar la vivienda? Eso es mucho dinero al final del año. Quiero hacerte ciertas consideraciones para ayudarte a ahorrar dinero en la factura del gas. Piensa, por ejemplo, que por cada grado que incrementes la temperatura de tu vivienda aumentarás el consumo de energía en un 7 por ciento. ¿De verdad necesitas ir desnudo por tu casa en pleno invierno?

Una temperatura de 20 °C es suficiente para mantener el confort en una vivienda y si hace frío siempre te puedes poner un jersey de manga larga. En caso de que la temperatura de cada habitación se pueda regular de forma independiente, ten presente que en los dormitorios puedes rebajar entre tres y cinco grados sin que afecte a tu sensación de confort.

Una buena medida de ahorro es que apagues la calefacción por la noche. Te pones un buen pijama y a dormir. A la mañana siguiente no la enciendas hasta después de haber ventilado la casa y haber cerrado todas las puertas y ventanas.

En el caso de que vayas a ausentarte de tu casa por unas horas, por ejemplo si vas a trabajar o a llevar a los niños al colegio, disminuye la temperatura del termostato y déjalo alrededor de 15 °C. No hace falta que lo dejes a cero a menos que vayas a pasar varios días fuera.

Al comenzar la temporada de frío planifica y purga los radiadores. Coge un destornillador y un paño y afloja la válvula hasta que haya salido todo el aire atrapado en su interior. Luego la cierras y ya está listo. El aire dificulta la transmisión de calor y disminuye su rendimiento de forma significativa.

Algunas personas aprovechan los radiadores para secar ropa. Es una opción, pero piensa que, si los cubres o colocas justo delante una silla con ropa para secar, dificultas la difusión del aire caliente. Lo mejor para calentar la casa es que mantengas las zonas de calefacción despejadas.

Por las mañanas, si quieres ventilar una habitación, te bastará con mantenerla abierta unos pocos minutos. Luego asegúrate de cerrarla de nuevo.

Por la noche, cuando te acuestes, o incluso antes, baja todas las persianas. No te limites a bajar las del dormitorio. Cierra también las del comedor, la cocina y demás dependencias. El cristal no es un buen aislante del calor. Procura también que los cajetines de las persianas no tengan rendijas y que estén convenientemente aislados. Por esos lugares suele perderse mucho calor. Tapa las rendijas y disminuye las pérdidas de calor utilizando silicona o masilla.

Si la puerta de tu casa no ajusta bien, puedes estar perdiendo mucho calor por ahí. Hay materiales aislantes para estos menesteres, o improvisa una barrera sellando la puerta por dentro con cinta de pintor.

En el caso de que tengas chimenea, asegúrate de dejar el tiro cerrado cuando no la estés usando para evitar que entre el frío de la calle.

La administración del agua

El agua es el suministro doméstico más barato, pero si eres un poco sensible al estado del planeta sabrás que es un recurso limitado y que hay regiones con graves problemas.

Existen varias medidas que te ayudarán a disminuir su consumo y lo que pagas por ella. Por ejemplo, no dejar los grifos abiertos inútilmente (en el lavabo, durante el afeitado, el cepillado de dientes...). Ten presente también que una ducha consume hasta cuatro veces menos agua que un baño, así que elige pero con conocimiento. El goteo de un grifo puede suponer perder cien litros de agua al mes. Sopesa utilizar un cabezal de ducha de bajo consumo que lo que hará será airear el agua. Siempre que puedas recurre al vaciado parcial de la cisterna. También puedes reducir la cantidad de agua que contiene una cisterna introduciendo dentro un par de ladrillos.

Mientras esperas con el grifo abierto a que el agua de la ducha se caliente puedes tener la precaución de llenar un cubo y utilizarlo para regar las plantas. También puedes regarlas con el agua de hervir las verduras una vez que se ha enfriado.

Frigorífico y congelador

Descongelando la nevera antes de que la capa de hielo alcance los tres milímetros puedes conseguir hasta un 30 por ciento de ahorro en el uso de la energía. Así que no esperes a que tu nevera parezca el polo norte y planifica sesiones de descongelado (a menos que utilices un sistema *no-frost).*

En ningún caso introduzcas alimentos calientes en el frigorífico. Ya sé que tienes mucha prisa y lo quieres para ya, pero harás bien en esperar a que se enfríen en la encimera de la cocina antes de guardarlos en la nevera.

Cuando saques un alimento del congelador para consumirlo al día siguiente, en lugar de dejarlo directamente en la encimera de la cocina, descongélalo dentro de la nevera, ya que de esta manera aprovecharás la baja temperatura del alimento que has de descongelar.

Ajusta el termostato a 5 ºC para la nevera y – 18 ºC para el congelador.

Cuando tengas que abrir la puerta de la nevera, hazlo con rapidez. No te demores. ¿Alguna vez te has descubierto con la puerta de la nevera abierta, mirando el interior y pensando qué haces ahí o qué has ido a buscar? Mala planificación. Primero decide qué buscar y luego actúa presto para no perder el frío. Abre, coge o deja y cierra.

Lavadora, lavavajillas y horno

Aunque pueda parecerte lo contrario las lavadoras de hoy en día son bastante eficientes en el uso de la luz y del agua, así que utilízalas sin miedo, pero aprovecha al máximo su capacidad de lavado y procura acumular la ropa de manera que trabaje siempre con carga completa.

Lava con programas de baja temperatura y deja que trabajen las propiedades químicas de los detergentes. Utiliza una temperatura más elevada sólo en el caso de que tengas que enfrentarte a algo tremendamente sucio. Luego seca la ropa al sol. Nada de secadoras que consumen mucho. Con el centrifugado gastarás mucha menos energía que con la secadora. Inviertes un poco más de tiempo y ahorras dinero.

¿Tienes un lavavajillas y no lo utilizas porque crees que malgastas el agua? En ese caso piénsalo de nuevo porque incluso las personas más eficientes gastarán más agua lavando los platos a mano que utilizando un lavavajillas. Te saldrá más barato lavar los platos en él, teniendo en cuenta el consumo de agua y de luz, que lo que te costará el agua que derrocharás haciéndolo a mano. Espera a que esté completamente lleno para utilizarlo o selecciona un programa especial de media carga. Si necesitas aclarar la vajilla antes de meterla en el lavaplatos, hazlo con agua fría. Confía en los detergentes y deja que hagan ellos el trabajo sucio.

El horno consume mucha energía. Si decides cocinar con él, no lo abras cada dos por tres. Mira por el cristal o utiliza el reloj para calcular el tiempo de cocción. Piensa que cada vez que lo abres pierdes el 20 por ciento de la energía acumulada. Todo un derroche de dinero. Si decides que vas a cocinar al horno, planifica la sesión y aprovecha al máximo su capacidad cocinando de una sola vez el mayor número de alimentos posible (siempre y cuando los vayas a comer, está claro). No esperes a que acabe la cocción de los alimentos para apagar este electrodoméstico. No se va a enfriar de repente, así que el calor residual se encargará de terminar el trabajo y tú te habrás ahorrado un dinerito. Lo mismo vale para las cocinas por resistencia.

Si tu compañía te lo permite, contrata una tarifa nocturna, que es más barata. En ese caso aprovecha los electrodomésticos en las franjas horarias.

Iluminación, aire acondicionado y pequeños electrodomésticos

Algunos consejos sobre iluminación son:

$ No dejes luces encendidas si no estás en la habitación. ¿Qué sentido tiene? Acostúmbrate a apagar el interruptor cuando salgas. La excepción será en caso de que utilices fluorescentes puesto que consumen más en la fase de encendido y apagado y te resultará más baratos dejarlos encendidos.

$ Reduce la luz ornamental en exteriores y jardines. Sí, ya sé que te gusta mucho el aire romántico que da a tu vivienda, pero te recuerdo que estás en fase de ahorro. Vive sin ello de momento.

$ Mantén limpias las pantallas de las lámparas y ganarás en luminosidad sin aumentar en consumo. Pasa un paño para quitar el polvo y verás tu casa con una nueva luz.

$ Cambia las bombillas incandescentes por lámparas de bajo consumo y ahorrarás hasta un 80 por ciento de energía. Comienza el proceso de sustitución por las que más tiempo pasan encendidas.

Más consejos sobre aire acondicionado:

$ Mantén la temperatura a 25 °C. No te hace falta más.

$ Al encender el aparato de aire acondicionado no pongas la temperatura inicial más baja para que enfríe antes, pues no sucederá; en cambio consumirás más energía.

$ Baja las persianas durante las horas de sol y reducirás la temperatura.

$ En verano ventila la casa a primeras horas de la mañana cuando el aire es más fresco y conseguirás una temperatura más agradable durante más tiempo.

Y finalmente sobre pequeños electrodomésticos:

$ Aprovecha el calentamiento de la plancha para planchar toda la ropa de una vez. La plancha consume mucha energía, no malgastes el calor acumulado. Por eso planifica sesiones de planchado más largas y eficientes.

$ No dejes los monitores del ordenador, la pantalla del televisor o el equipo de música en espera. Esa lucecilla que se queda encendida (el led) consume energía. Ya sé que supone un esfuerzo tener que encender a mano los equipos, pero es un gasto del que puedes prescindir.

Ropa y zapatos

Decía Carles M. Espinalt que las personas no nos vestimos tanto para defendernos de las inclemencias físicas como de las psíquicas, y seguramente tenía razón. Vestir es todo un arte y sería muy poco realista pretender que cumple solamente la función de protegernos del frío o de los rayos del sol. La ropa nos permite realizar nuestras aspiraciones. Estamos influidos por modas y modelos, nos referenciamos y nos distinguimos a través del vestido, así que no te voy a sugerir que te compres una túnica y que con ella pases todo el año. Sé que tus necesidades psicológicas podrían quedar maltrechas.

En cambio quiero que reflexiones sobre la posibilidad de hacer ciertas renuncias. ¿Eres una *fashion victim?* Todos lo somos en cierto sentido, pero unos hemos conseguido blindarnos más que otros. Aquí se trata de buscar tus límites, aceptar cierta incomodidad pero no tanta como para que te sientas descolocado.

«O pactamos con la moda o nos quedamos en una vía muerta». C. M. Espinalt.

Algunas medidas que te proponemos:

$ Viste en tiendas de segunda mano. Puedes encontrar verdaderas gangas, prendas casi nuevas o con pequeñas taras imperceptibles. Renuncia a los gritos de la última moda, deja los complejos en casa y entra en una de esas tiendas.

$ Cambia la ropa con tus amigos. Seguramente tendrás amigos con los que poder intercambiar vestuario. Es muy probable que no te pongas toda la ropa que tienes y lo mismo les pasará a ellos. Queda una tarde en tu casa con ellos y deja que se lleven dos o tres prendas que les gusten, luego haz lo mismo tú con su ropa. Aparte de ahorrar puede ser divertido. Sin embargo, no es conveniente intercambiar la ropa interior.

$ Compra en época de rebajas pero planificando antes tus necesidades y estableciendo un presupuesto antes de salir de casa. Aprovecha las segundas rebajas para hacer un fondo de armario para la temporada siguiente: prendas fáciles de combinar en colores básicos que no pasen de moda.

$ Compra en tiendas outlet donde venden prendas de temporadas anteriores o en tiendas de fábrica donde venden los muestrarios y las prendas sueltas de la temporada.

$ Evita comprar de forma impulsiva cosas que están a un precio muy bajo pero que no necesitas.

$ Puedes vivir con menos ropa de la que crees.

$ Ten en cuenta el Principio de Pareto aplicado a tu vestuario: el 80 por ciento de la ropa que tienes te la pones solamente en un 20 por ciento de ocasiones, mientras que hay un 20 por ciento de ropa que utilizas el 80 por ciento de las veces. Céntrate en comprar ropa que vayas a ponerte un 80 por ciento de las veces. Piensa en las posibles combinaciones de colores y texturas.

$ No centres tu ocio en pasear por lugares donde exponen ropa o zapatos. Están ahí para despertar tu necesidad y ahora no puedes permitírtelo. Así que, en lugar de exponerte al peligro, evítalo.

$ Si sales a dar una vuelta por una zona comercial, déjate el dinero en casa y no lleves contigo las tarjetas de crédito, así evitarás picar cuando veas la oportunidad de tu vida.

$ Cuando veas algo que verdaderamente te seduce y cuya compra consideres imprescindible, pospón tu decisión tres días (diez sería mejor). Si después sigues viéndolo con los mismos ojos, pide un descuento.

$ Pide un descuento siempre. Te sorprenderá ver la cantidad de veces que puedes lograrlo.

$ Cuando un miembro de tu familia te pida algo, asegúrate de averiguar si realmente es imprescindible. Si no lo es, no lo compres. Impón tu criterio en última instancia, pero antes dedica tiempo a informar del porqué de tu decisión. Estáis en una época de crisis y tenéis que apretaros el cinturón.

Los jóvenes y las marcas

No caigas en la trampa de pensar que un niño va a ir igual de bien con unas zapatillas caras que con unas baratas, porque, aunque funcionalmente sea así, el aspecto psicológico puede desempeñar un papel imperativo en ellos. Los niños y los jóvenes adolescentes necesitan establecer lazos afectivos con las personas de sus círculos de referencia y con el sexo contrario. Los amigos y los compañeros de clase desempeñan un papel muy importante en sus vidas. Así que, si sus amigos llevan cierto tipo de calzado, ciertas marcas o complementos caros, ir a la moda no es solamente un capricho para tus hijos, sino una forma de conseguir la aceptación grupal, objetivo que en su caso es vital. Ataviados con esas ropas consiguen parecerse a los líderes del grupo y ser vistos como uno de ellos, a la vez que logran la diferenciación con todos los demás. Es un doble logro: soy como vosotros, somos distintos a los demás.

Así que no puedes pretender venderles el argumento de que las marcas no son importantes y que da igual un tipo de zapatillas que otro. Tienes que convencerlo para que juguéis todos en el mismo bando, pero no con ese tipo de argumentos. Piensa que las empresas pagan verdaderas fortunas a líderes del mundo de la música, deportistas y actores para que lleven ciertas marcas. Saben quiénes son los modelos de referencia de los jóvenes (y no tan jóvenes) y explotan este conocimiento. Para ellos es evidente la influencia que ejercen en su entorno. En lugar de intentar que esto no sea así, habla con tus hijos para hacerles saber que de momento estáis en fase de ahorro y que no os podéis permitir caprichos. Luego mantente firme y congruente, y tampoco te los permitas tú. Si lo hicieras, perderías toda la credibilidad.

Vacaciones y ocio económico

Hay quien piensa que el ocio es totalmente opcional, innecesario; vamos, que podemos prescindir de él por completo. Yo no soy de ese parecer. El ocio nos da oportunidades de socializar y vivir la cultura, nos humaniza y nos permite recargar las baterías. Lo que pasa es que mucha gente descontrola su economía justamente en opciones de ocio que no se pueden permitir. Quizá tienen un trabajo que los estresa, los agota, los deprime y en el que no se realizan y buscan compensar a través del ocio. En esos casos ten en cuenta que hay ocio barato y muy, muy interesante. Igual que hay ocio caro muy malo. Creo que muchas personas no están informadas sobre las opciones que existen a su alrededor de forma gratuita. Les gusta ir al teatro y al cine, visitar museos y escuchar buena música, pero no creen posible disfrutar de esas opciones sin pagar. Pues bien, sí que es posible. Hay locales en los que ver películas, o bares en los que escuchar música en directo, ver exposiciones o asistir a una representación de teatro. Todo ello, gratis. No en todas las ciudades es así, pero si te informas te será fácil encontrar alternativas al ocio pagado.

Aquí tienes algunas ideas para ahorrar en ocio:

$ Planifica las vacaciones con antelación y asígnale un presupuesto anual. Pase lo que pase no modifiques ese presupuesto. Si haces tus compras o tus reservas con antelación, puedes viajar a precio mucho más reducido y encontrar muchas más oportunidades. A última hora es todo mucho más complicado y estresante.

$ ¿Por qué ir en agosto cuando los precios son más altos y hay más aglomeraciones? Viaja en temporada baja. Si puedes combinártelo con tu pareja y te lo permiten en el trabajo, evita la temporada alta cuando todo está más caro. Aprende a viajar en septiembre o durante el resto del año. Piensa que con una buena planificación puedes viajar fuera de temporada a destinos donde siempre es verano.

$ Aprovecha las ofertas de las agencias de viaje tipo 2x1 entre enero y marzo. Pagas un billete y tienes dos plazas.

$ En las guías de viaje tipo Lonely Planet encontrarás los precios de todos los servicios: restaurantes, hoteles, etcétera. Utilízalos para hacer los cálculos de lo que te puedes permitir. Anticípate y conoce lo que va a costarte ese viaje que tanto anhelas, luego ajústate al presupuesto estipulado. No te gastes más dinero del que tenías previsto.

$ En Internet encontrarás páginas para viajar barato, ofertas de último minuto y calendarios con los precios según los meses. Suscríbete a sus ofertas y mantente informado; cuando se presente la oportunidad, actúa.

$ Si vas a viajar al extranjero, ten en cuenta el cambio de moneda y elige un país en el que tu moneda esté fuerte en comparación con la suya.

$ Pasa tus vacaciones trabajando de voluntario para alguna ONG que esté en línea con tus valores. Conocerás otra cultura y otro lugar a la vez que contribuirás a hacer del mundo un lugar mejor.

En forma fuera del gimnasio

Mantenerte activo y hacer ejercicio suele ser muy saludable, pero ¿qué sentido tiene que te apuntes a un gimnasio y luego no asistas a las clases? Si es tu caso, bórrate inmediatamente. No intentes convencerte a ti mismo de que vas a cambiar y de que esta vez sí entrenarás con regularidad. Por desgracia lo que cuenta en estos casos es la tendencia que llevas. Si tu histórico está lleno de ausencias y de irregularidades, si no has asistido en los últimos dos meses, déjalo. Estás pagando por algo que no aprovechas.

Si vas asiduamente, sigue yendo. Si crees que pagas demasiado, opta por alternativas más económicas, como ir al gimnasio o a la piscina municipales o utilizar los servicios que suele haber en parques. Otras opciones incluyen correr en la calle y entrenar en casa.

Si no has corrido nunca pero estás comprometido con hacer algo para tu salud, tienes las rodillas en forma y tu médico te lo recomienda, prueba la carrera en la calle. Solamente necesitas un pantalón corto, una camiseta y calzado deportivo, así que es una opción muy económica. Aumenta la distancia a medida que te sientas más cómodo o incrementa la velocidad si lo que quieres es entrenar durante poco tiempo.

Si te gusta la carrera, sea cual sea la distancia o el nivel, te recomiendo el método Pose que propone Nicholas Romanov porque es más sano para las rodillas. Encontrarás información en Internet.

> Romanov era un entrenador de la selección olímpica rusa de atletismo que emigró a Estados Unidos y se dedica a entrenar atletas de elite. Su metodología está basada en el estudio de la fisiología humana y sus sugerencias van encaminadas a evitar que fuerces las rodillas.

También puedes hacer una buena sesión de ejercicio sacando a pasear el perro por las mañanas y por las noches. Puedes ir a paso vivo, durante media hora cada vez, hasta que rompas a sudar. Con esto bastará para comenzar.

Si no tienes perro, ofrécete a sacar a pasear el de tus vecinos. Los animales son muy agradecidos y te ganarás su aprecio rápidamente. Si te dan algo a cambio, encima ganarás dinero.

La natación es otro deporte sencillo y económico. Te basta un bañador y estar cerca de la playa, de un lago o de una piscina municipal. Si te gusta nadar, te recomiendo el método Total Immersion de Terry Laughlin. Más información en la red.

Si quieres entrenar en casa, puedes optar por la calistenia, por saltar a la cuerda, por el yoga o por una tabla de estiramientos.

En cualquier caso, antes de hacer cualquier programa de ejercicio asegúrate que estás en buenas condiciones de salud; si tu médico te da el visto bueno, comienza despacio y de forma progresiva.

Malas amistades: los cangrejos

¿Has visto alguna vez a un cazador de cangrejos? A medida que los va sacando de debajo de las rocas los guarda vivos en una caja baja, sin tapa. Al principio sorprende que sea una caja y no un cubo. Uno puede pensar que los cangrejos escaparán escalando las paredes, pero eso nunca sucede. No es que no intenten trepar para escapar. Trepar trepan. Es más bien que, cuando hay varios cangrejos en la caja, los demás les pellizcan las patas cuando quieren salir y los devuelven al fondo de la caja. Los propios cangrejos evitan que sus compañeros escapen.

Presta mucha atención alrededor de ti porque tú también tienes cangrejos que te tiran de las piernas y no te dejan escapar. Se llaman amigos y familia.

Tú lo has visto, te ha costado, pero ya has tomado la decisión. Estás comprometido a hacer lo que haga falta para mejorar tu economía. Pero no vives solo. Formas parte de un grupo con el que te relacionas. Os influís mutuamente. ¿Qué pasa si no has consensuado el plan con tu pareja? Es por vuestro bien, por el de los dos. Es por el futuro de vuestros hijos y de vuestros padres. La cosa está clara en tu mente: si sigues así, vas a perderte muchas cosas de la vida. Es necesario cambiar la forma en la que gastas tu dinero. Pero sin el apoyo total de tu pareja aplicar decididamente las medidas necesarias va a ser como correr con una mochila de piedras en la espalda. Al final vas a cesar en tu empeño o acabarás tirando la mochila.

Decides cortar con el gasto, porque entiendes lo ruinoso de vuestros hábitos. No os podéis permitir almorzar fuera de casa, debéis cerrar la calefacción al acostaros, conducir más despacio, aprovechar las ofertas de los supermercados, cortar con el ocio... pero sin el apoyo de tu pareja estas medidas no son viables. ¿Cómo responderías tú si de repente te exigieran que cambiaras lo que llevas haciendo toda la vida? Las personas relajamos nuestra mente cuando sabemos el porqué de lo que nos piden, y llevamos muy mal hacer cosas sin comprender su finalidad. Así que tómate tu tiempo y, si has decidido cambiar, comparte eso con tu pareja. Quieres su apoyo y tienes que ser un buen negociador. Es posible que tu credibilidad esté afectada por las decisiones del pasado y que necesites todas tus dotes de persuasión para lograr convencerla. No ceses en tu empeño. Intentar ganar esta carrera en solitario es un mal plan. Haz un alto y discútelo con tu pareja. Escúchala, asegúrate de comprender su punto de vista. Luego hazla partícipe del tuyo. Habla con convicción y autenticidad. Dale datos sobre vuestra situación económica y su insostenibilidad. Llévala a pensar en el futuro que os espera si no cambiáis. Vas a hacer una pausa hasta que logres persuadirla. No juegues solo. Frena tu energía y céntrala en convencer a tu media naranja. Si objeta, que lo haga. Recoge toda la información sobre su punto de vista y construye un contraargumento. Luego exponlo. No tiene que haber ningún resquicio en tu convicción, ninguna sombra de duda. Eres una columna de mármol.

Pero esto no acaba aquí. Tu pareja no es la única pieza en este puzle cangrejero. Hay todo un conjunto de pinzas dispuestas a pellizcarte. Piensa con qué cinco personas pasas más tiempo. Ellas forman parte de tu grupo de referencia. Normalmente se trata de la pareja, la familia, los amigos y los compañeros de trabajo.

El grupo de referencia ejerce una influencia muy fuerte en nosotros. Tan grande que puede impedir nuestro éxito. Puedes tener tus ideas muy claras, muy buenos propósitos y un plan efectivo. Así que, aun cuando estés cumpliendo con las pautas necesarias, se interpondrán en tu camino y te desviarán del objetivo. Su influencia es tal que pueden bloquear completamente tu avance.

Vivimos en sociedad y esto afecta a nuestras decisiones. ¿Por qué hay personas que compran coches de lujo que no pueden permitirse? Saben que van a pasarlo mal para pagar las facturas y, a pesar de ello, se quedan atrapadas. Quizá detrás se esconda cierto deseo de mejorar la imagen delante del grupo. No es que el grupo explicite esta imagen. El proceso es mucho más sutil. Pero tenemos muy arraigada la creencia de que necesitamos la aceptación de los demás, su aprecio y quizá incluso su admiración. Sufro para llegar a final de mes, pero mi coche es más bonito que el de mi vecino. Junto a la necesidad de pertenecer y de referenciarnos, parece que tengamos necesidad de distinguirnos. Al vestir cierta ropa, por la que a menudo he pagado más dinero del que debería, formo parte de cierto grupo con el que me identifico y cuya apreciación deseo, y me distingo de todos los demás. Así, los grupos con los que nos referenciamos influyen en nuestras decisiones.

Cuando queremos impulsar un cambio tenemos que prestar atención al grupo, pues la gente que nos rodea va a influir en el éxito de nuestro proceso.

Lo hará básicamente de dos formas: proponiendo actividades que van en contra de nuestro plan y a las que deberemos renunciar, y ejerciendo su influencia en nuestros hábitos de consumo para cubrir la necesidad de ser aceptado.

Muy pocas personas pueden ir por libre, tocar su propia música y bailar a su son. Algunas lo pretenden pero no está en nuestra naturaleza el ser independientes. Necesitamos al grupo. Lo necesitábamos cuando teníamos que cazar grandes mamíferos, y lo seguimos necesitando ahora.

Si aceptas que no puedes seguir con el estilo de vida que llevas, que no vas adonde quieres y que anhelas un cambio; si decides que estás dispuesto a hacer lo necesario para conseguir tus objetivos y emprendes la acción en la dirección correcta, tienes que prestar especial atención a las encerronas del grupo de referencia, de tus cangrejos. Ellos van a tirar de las piernas para devolverte al fondo de la caja.

Piensa que cuando tu grupo te hace propuestas contrarias a tu plan ejerce una influencia muy poderosa sobre tu fuerza de voluntad. Imagina que estás dispuesto a cortar de raíz tus gastos, uno de los cuales es cenar fuera de casa los viernes por la noche con tus amigos. Son veladas muy agradables en las que os unís como grupo, os reforzáis y estrecháis vuestros lazos. A ti y a tu pareja os encantan estas ocasiones, pero en estas cenas os dejáis unos 60 euros cada semana. 240 euros al mes es mucho dinero en vuestra situación.

Estas veladas traen a mi mente la imagen de un grupo de cazadores primitivos. Han perseguido a los bisontes durante semanas. Se han emboscado y han conseguido abatir alguna presa. Después del esfuerzo celebran el éxito de la cacería alrededor de una hoguera. Muy romántico, pero la presa que se está cociendo eres tú.

A estas alturas ya sabes que tienes que actuar a favor de tu mejor interés. Conoces tu situación y para cambiarla necesitas cortar con estas cenas. Son agradables encuentros sociales que te están desangrando. Mi pregunta para ti es: ¿qué harás?, ¿renunciarás firmemente a estas salidas?, ¿compartirás con el grupo cuál es tu decisión para buscar su apoyo?

El grupo puede actuar como un cangrejo al ofrecerte tentaciones que no te puedes permitir y ejerciendo su influencia con comentarios sobre el pasado, y por otro lado porque puede pone en duda su confianza en ti o en tu plan.

«Vamos, no seas así, no me digas que te va a venir de una cena más o menos». «Si llevamos cenando juntos desde hace años...». «No será para tanto». «Nosotros estamos igual que tú». «Ya buscaremos un lugar más barato si quieres». Son cantos de sirena que pueden terminar haciendo que tu nave se estrelle contra los arrecifes. Tus compañeros te conocen, saben cómo persuadirte, han aprendido qué mecanismos tienen que utilizar para contar con tu apoyo y te van a seducir. Y seguramente lo harán pensando en ti. Ellos quieren disfrutar de tu compañía, pero no te hacen ningún favor. Si caes en la tentación, vas a retroceder en la consecución de tus objetivos.

Tal vez pienses que vuestra situación es distinta. Puede ser. Lo más probable, de todas formas, es que ellos estén exactamente en tu misma posición. Quizá trabajéis en puestos similares y ganéis un sueldo parecido. Ellos pueden permitirse salir y tú tienes que hacer malabares para llegar a fin de mes. ¿Dónde está el truco? En la ilusión de que ellos pueden. No pueden. Ganan como tú, gastan como tú. No les queda nada. No están poniendo su dinero a trabajar. Son como funambulistas sin red; antes o después van a poner un pie fuera del cable y caerán a plomo.

Mi consejo es que te aferres a tu plan. Di algo parecido a lo siguiente: «Chicos, no puedo quedar, me encantaría asistir, pero tengo otros planes». Claro que los tienes, son los planes que has trazado para ti, para tu futuro, para restituir tu situación económica. No puedes ir. Punto. Que te quede claro. O cumples con tu plan y decides en función de tu mayor interés o te quedas donde estás. Así de sencillo. Así de difícil.

Pero piensa en ti primero; si no lo haces, estarás poniendo los intereses de otros por delante de los tuyos propios, y eso es tirar piedras sobre tu propio tejado. Una vez que hayas establecido con firmeza tu decisión de renunciar a estas salidas, piensa en posibles alternativas económicas. No te estoy pidiendo que falles a tu grupo, que te separes de él y que no cuides tus relaciones. Con imaginación serás capaz de idear encuentros grupales que te darán la misma satisfacción pero con un coste mucho menor. Puedes poner la casa y que los invitados traigan la cena. Tú limpias los platos y ellos cocinan. Podéis quedar todos para preparar cenas divertidas con alimentos económicos y hacer de estos encuentros toda una experiencia de cohesión y trabajo en equipo. La imaginación es el límite.

5
Aumenta tus ingresos

Hazte valer

Una vez que te hayas centrado en contener tu gasto estarás listo para aumentar tus ingresos. Este apartado es muy gratificante, porque te aportará resultados de manera inmediata. Si lo haces bien, ganarás más y ganar más suele ser algo agradable. ¿Quiero decir con esto que se trata de una empresa fácil? No, al contrario, quizá sea de las cosas más duras que harás, pero es muy gratificante. Dura porque no te van a pagar más si no les ofreces nada a cambio. Así que para cobrar más tendrás que ser mejor... a sus ojos. Quizá ya seas muy bueno, pero no te pagan por lo que eres, sino por lo que los demás creen que eres. Así que nos centraremos en aumentar tu percepción de valor. También será duro porque en algunos casos te pediré que salgas de tu zona de confort y que te vendas, que persuadas, que ofrezcas. Cuando haces cualquiera de estas tres cosas, puedes obtener un no por respuesta, y a la gente no le gusta que le digan que no. Tu quieres un sí, pero obtienes un no, así que yo te pido que insistas... pero obtienes otra negativa y otra más. Bueno, ¿cuándo te rendirás? Las personas suelen confundir el «no me interesa en este momento tu oferta» con el «no me interesas tú ni me vas a interesar nunca». No es de extrañar que el sector comercial esté entre los de más alta rotación.

Te doy una visión de conjunto de la estructura de este capítulo: comenzaremos por analizar las formas que tienes de conseguir un nuevo puesto de trabajo, tanto si estás trabajando ya como si estás en el paro; compartiré contigo formas de promoción y de contacto con un posible empleador. En el caso de que tengas un puesto de trabajo que te guste y que tenga posibilidades de promocionar, veremos qué puedes hacer para que te paguen más por lo que haces o para que consigas ascender dentro de la empresa. Si trabajas para ti, lo que quieres es generar más ventas, así que nos centraremos en las claves del marketing de servicios profesionales. También puede ser que tengas una empresa y que no ganes lo que quieres. En ese caso tal vez te convenga analizar el mercado para ver si tiene sentido seguir donde estás o si, por el contrario, ha llegado la hora de buscar un nuevo sector. Acabaremos haciendo referencia a la importancia del juego en equipo, a tus relaciones y a tus contactos. Es muy importante que construyas una red social si quieres mejorar verdaderamente.

Vamos ahora a hablar de aumentar tus ingresos. ¿Entiendes ya por qué es tan importante este apartado? No es solamente que quieras restituir tu economía maltrecha, es que tienes que hacerte valer. Es necesario que sepas donde estás tirando tu vida para que reclames lo que crees que vale. Con esta actitud defenderás mejor tus intereses y, espero, estarás mejor preparado para enfrentarte a los retos que tengo preparados para ti.

Si quieres un nuevo puesto de trabajo, véndete activamente

Lo primero de todo es tener una fuente de ingresos. Luego ya te esforzarás en mejorarla, pero tienes que partir de algo. Si no estás trabajando actualmente, quizá debas hacer de esto una prioridad. Conseguir dinero a cambio de tu trabajo es la fórmula más elemental.

Nadie va a ir a tu casa a ofrecerte el puesto de trabajo de tu vida. Quizá sí, pero no bases tu estrategia en esa opción. Necesitas salir a cazar, como si fueses un depredador. Vas a ponerte una piel de cordero y vas a llamar a cuantas puertas haga falta.

El proceso de selección varía dependiendo del sector en el que te muevas pero generalmente, cuando se necesita cubrir una vacante, se contratan los servicios de una empresa seleccionadora de personal que se encargará de publicar un anuncio en un periódico o en Internet, o que echará mano de su base de datos. En respuesta a este anuncio van a recibir cierta cantidad de currículum vitae que analizarán para elegir los que consideren que se ajustan mejor a los requisitos del puesto. A los que pasen el primer filtro les harán ciertas pruebas de tipo técnico y social y los finalistas serán entrevistados una o quizá dos veces. Finalmente a la empresa se le presentarán tres candidatos entre los que elegir. Es una descripción aproximada que intento que sea representativa del proceso estándar.

Lo que voy a compartir contigo a partir de ahora no pretende ser la verdad. Yo no soy objetivista. Más bien quiero darte mi punto de vista. Otras personas pensarán de forma diferente y vas a ser tú quien vas a tener que decidir qué información te resulta útil. Aprovecha lo que puedas utilizar y descarta el resto.

Para maximizar las opciones de que seas tú el candidato seleccionado para un puesto, ponte en la piel de los distintos personajes que intervienen en el proceso. Comienza por los que están encargados de filtrar los currículum vitae. Encima de la mesa, como respuesta a un anuncio normal, tienen doscientos o más currículum vitae esperando. Solamente hay una vacante, por lo que van a tener que deshacerse de la mayor parte. Las pruebas las van a pasar unos diez candidatos como mucho, así que puedes hacerte una idea de lo que pasa por su mente. ¿Es este currículum vitae descartable? Se trata de identificar los malos, los inadecuados, los que no se ajustan a los requisitos del puesto; por ello, la forma de pensar que suelen seguir es inversa: ellos no buscan al mejor, sino que quieren descartar a los peores y empiezan por lo más evidente. ¿El sobre es distinto al normal? Sospechoso. Utiliza un sobre estándar y deja los demás para las felicitaciones navideñas. ¿De qué color es el currículum vitae? Si es diferente a la mayoría, levantará sospechas. Imprímelo en una hoja en blanco de una calidad normal. No quieres que te descarten. Ya destacarás más adelante, cuando seáis menos compitiendo. ¿Está escrito a mano? A la papelera directamente. Utiliza una impresora. Nada de utilizar una máquina de escribir. Eres una persona actualizada, no un vestigio de otra época. ¿Ocupa tres o más hojas y no es para un puesto de alta dirección? A la papelera. Limítate a una sola hoja por una cara. Elimina información si hace falta. No es necesario que hables de tus aficiones ni de tus *hobbies* ni de los trabajos de verano que hacías cuando eras preadolescente. ¿La tipografía no es la estándar? Descartado. Una Times New Roman o una Arial estarán bien. ¿Está mal organizado y no es agradable de leer? Adiós. Distribuye el espacio de forma uniforme. No hagas un pegote con la información. Justifica los márgenes si es necesario. Utiliza la negrita para destacar lo más importante. Tienes que dar sensación de orden y claridad a la vez que facilitas la lectura de la información. ¿Hay faltas de ortografía? No vamos a contratar a alguien que no se ha preocupado en pasar el corrector ortográfico al documento. No hagas el canelo y no te fíes de tus conocimientos. Asegúrate de que no incluyes errores ortográficos, gramaticales o tipográficos. ¿Las titulaciones no se corresponden con el puesto? Eliminado. Si piden un ingeniero y sólo has hecho FP, aunque tengas los conocimientos necesarios y seas un as, lo tienes muy difícil porque encima de la mesa, al lado de tu currículum vitae, hay un par de cientos que corresponden a ingenieros. ¿Las titulaciones son muy superiores al puesto ofrecido? No queremos una persona que nos vaya a abandonar la empresa al poco tiempo de incorporarse porque el puesto se le quede pequeño: a la papelera (o a la base de datos). Si es necesario, oculta información. No incluyas todos los másters que tienes aunque puedas pensar que más es mejor. No lo es. Lo adecuado es mejor. ¿La fotografía muestra a Jack el Destripador? *Sayonara*. Dedica tiempo a este aspecto. No van a seleccionarte si parece que no tienes amigos o que eres peligroso. Utiliza una máquina de fotografiar electrónica y no ceses de sacarte fotos hasta que consigas una con tu mejor cara. ¿Apareces en ella de cuerpo entero? A menos que estén seleccionando un puesto de modelo no será adecuada. Limítate a poner una fotografía de cara con una agradable sonrisa (sin enseñar los dientes como una hiena), preferentemente a color y en la que salgas favorecido. Recurre a tus amigos informáticos para que te retoquen con Photoshop si tienes dificultades en ello. Tu objetivo es pasar este filtro.

Algunas personas me preguntan sobre la conveniencia o no de mentir. Ahí tu moral será la que determinará tu conducta. Muchos currículum vitae incluyen información falsa, pero no es lo mismo decir que tienes dominio de cierto programa informático cuando tu manejo es a nivel de usuario que afirmar que eres abogado cuando no lo eres. Ya que haces un esfuerzo para encontrar un puesto, al menos asegúrate de que vas a conservarlo una buena temporada. Dejo la última decisión a tu conciencia.

Cuenta Tom Peters que una vez recibió el currículum vitae de un candidato que contaba cómo había participado en la elaboración de la galleta de chocolate más grande del mundo. Lejos de descartarlo Tom Peters lo contrató, pensando que una persona tan chiflada como para poner eso en el currículum vitae debía de tener cierto talento especial. Pero recuerda que él era Tom Peters y que los que van a seleccionarte a ti, no.

Si consigues pasar el primer filtro y tu candidatura es elegida, tendrás que enfrentarte a los famosos test de selección de personal. Generalmente buscan dos tipos de información: si son apropiados tus conocimientos para el puesto que se ofrece y si es adecuada tu personalidad. Recuerda que tus habilidades sociales pueden llegar a valer más que tus conocimientos técnicos y que pueden preferir a un técnico razonablemente bueno con don de gentes, liderazgo y capacidad de gestionar equipos que a un genio antisocial y asustadizo.

Sobre este apartado debo insistir solamente en un punto. Los test que miden tus habilidades son falseables. Puedes hacerte con un buen manual de test psicotécnicos y practicar una y otra vez hasta que no haya serie que no resuelvas o pregunta que no sepas contestar correctamente. Desgraciadamente para ti, otros candidatos pueden hacer lo mismo. Y otro tanto sucede con los test de personalidad. Un amigo psicólogo te puede pasar el 16 PF o el MMPI o cualquier otro instrumento de evaluación y te puedes entrenar. Pero te hago la misma consideración que con el tema de incluir mentiras. ¿Vale la pena hacerse pasar por alguien que no eres? Personalmente no estoy a favor de estas estrategias pero no soy quien para juzgarte porque desconozco tus circunstancias. En cualquier caso piensa que si los test te son favorables al final vas a llegar a la entrevista personal y en ella vas a tener que defender tu candidatura. Si has

El 16 PF es un test de pretende evaluar tus rasgos dominantes de personalidad entre 16 categorías distintas y el MMPI (Minnesota Multiphasic Personality Inventory) es otro test popular entre los seleccionadores de personal (aunque hay muchos más).

mentido, tu cuerpo puede transmitir un sentimiento de incongruencia o inadecuación y si delante tienes a un buen profesional, aunque no sepa decir exactamente por qué, puede muy fácilmente descartar tu candidatura intuitivamente.

Supongamos, por el contrario, que has sido elegido y que vas a enfrentarte a una entrevista profesional de selección. Generalmente te van a hacer un conjunto de preguntas y atenderán tanto a tu respuesta verbal como no verbal. Comencemos por algunas sugerencias para adoptar una actitud adecuada. A pesar de que la última palabra la tiene el puesto de trabajo en concreto al que haga referencia el proceso de selección, hay ciertos elementos en tu actitud que pueden ayudarte a ser seleccionado. Por ejemplo, el hecho de que confíes en ti mismo, de que seas una persona segura, sociable, relajada, espabilada, empática, sociable, resolutiva. Puedes transmitir éstas y otras sensaciones que necesites con un poco de entrenamiento. No hace falta que utilices el método Stanislavsky, aunque leer *El trabajo del actor sobre sí mismo* no te hará daño.

> Konstantin Stanislavsky fue un director, actor y teórico teatral ruso. Es conocido por el llamado realismo psicológico que pretende proyectar de manera real el mundo emotivo de los personajes de una obra. El actor debe recurrir a sus experiencias personales para representar la parte emocional y lograr así una conexión directa con la audiencia.

Relájate y cierra los ojos (en tu casa, no durante la entrevista) y piensa en el conjunto de características que quieres mostrar en tu actitud. Supongamos que la seguridad en ti mismo es una de ellas. Piensa en un momento de tu vida en el que te sintieras muy seguro. Recuerda vívidamente qué hacías, qué pensabas, cómo te movías. Toma buena nota. Sigue la exploración analizando otro recuerdo y luego otro más en los que te veas, a ti mismo, mostrando seguridad. Tú ya tienes una idea de lo que es ser seguro y probablemente lo has sido en más de una ocasión. Te invito a que revises esos momentos mentalmente mientras te centras en identificar aquello que los caracterizaba. Piensa también en un par o tres de modelos de referencia que se muestren tan seguros como a ti te gustará mostrarte. Puede que sean actores de cine, o quizá un amigo o un vecino. Luego, con los ojos cerrados, revive mentalmente qué les hace parecer tan seguros. Haz una lista mental de cómo se mueven y cómo hablan e imítalos.

Haz este ejercicio por cada una de las características que estimas necesarias transmitir. Cuantas más veces lo hagas más rápidamente podrás mostrar estas cualidades. Diez minutos, tres veces al día, después de las comidas, como decía mi profesor de guitarra Fernando Carranza, es lo mejor para adquirir un nuevo hábito. La regularidad es la clave. Como en tantas otras cosas.

Ya tenemos una cierta predisposición mental. Vamos a analizar la imagen que transmites atendiendo para ello a tu indumentaria, tu expresión corporal, el uso de las distancias, los elementos de dominio y el tono de tu voz.

Ponte en la piel del entrevistador. ¿Qué tipo de candidato busca? ¿Para qué puesto? ¿Cómo iría vestido el candidato ideal? No se trata de aparentar por aparentar sino más bien de utilizar esta variable a tu favor. Juzgamos y somos juzgados por nuestro vestido, como me mostró Eduardo Abelló, mi profesor de psicoestética. Así que invierte tu tiempo en pensar qué se adecua más a la imagen que quieres transmitir. Recuerda que nadie se vincula decididamente con alguien a quien no acompaña la suerte. Prefiere tonos neutros a los demasiado estridentes. Peca de conservador, no porque lo seas sino porque probablemente lo sea quien te seleccione.

Tu cuerpo habla alto y claro y no puede callar. Así que mejor que le hagas decir lo que te interesa. Vayamos por partes. Comencemos por la postura general. No arrastres los pies al andar; al contrario, levanta la barbilla, contrae el abdomen, saca un poco el pecho echando los hombros hacia atrás y muévete decidido y con claridad de propósito. No te muestres titubeante ni dubitativo. Los ojos son el espejo del alma. Y tu alma tiene que ser limpia y pura. Esconde la bestia que hay en ti y saca la parte más amable. Muestras tu domino y tu liderazgo por la forma en que miras. Así que deja que sea el entrevistador el que aparte la vista de tus ojos, en lugar de ser tú el que aparta la vista de los suyos. Limítate a mirar el triángulo formado por los dos ojos y la frente del entrevistador. No mires su nariz ni su boca. Podrías confundirlo. No parpadees más de lo necesario. Si el que te entrevista es alguien que ocupa un cargo de responsabilidad en la empresa y te intimidas en su presencia, utiliza el siguiente truco: en lugar de mirarlo a los ojos mantén tu mirada fija en un punto intermedio entre sus cejas. Si tienes aplomo, puedes fijarte en la dilatación de sus pupilas cuando respondes a sus preguntas. Las personas solemos dilatar las pupilas si nos sentimos a gusto con nuestro interlocutor. Lleva un peinado acorde con el puesto de trabajo y que no responda a ninguna moda estridente. No se trata de que aproveches la ocasión para reafirmar tu personalidad, sino más bien de que consigas el puesto de trabajo. Lo mismo vale para las joyas, el reloj, las pulseras, los *piercing* y las cadenas. Sé conservador y no espantes a tu presa. Como decía Dale Carnegie: «Me encantan las fresas, pero cuando voy a pescar pongo gusanos en el anzuelo».

¿Cómo das la mano? Tu entrevistador prestará atención a eso, tanto consciente como inconscientemente. Si tu mano orienta la palma hacia abajo, demostrarás intención de dominar la situación, de búsqueda de liderazgo. Si la orientas hacia arriba, mostrarás una actitud sumisa y cederás el control de la entrevista. Mantenla vertical y firme. Prepárate para bailar una danza muy breve de la siguiente manera: en lugar de dar la mano con la fuerza o el dulzor que te caracterizan, estate atento a cómo te da la mano tu interlocutor y responde igual. Si te la aprieta con firmeza, aprieta tú también la suya. Si te la da con la consistencia de un pez muerto, haz lo mismo. Las personas responden con preferencia quienes son como ellos. ¿Cuánto tiempo debes mantener el contacto? Depende de tu interlocutor. Demasiado breve y parecerás poco comprometido, excesivo tiempo y parecerás dependiente e inseguro.

Siéntate cuando te ofrezcan hacerlo y adopta una posición neutral. Ni muy inclinado hacia delante, porque demostrarás un exceso de interés y de ganas de caer bien, ni recostado hacia atrás, porque podrías parecer desinteresado.

Presta atención a brazos y manos. Si cruzas los brazos sobre el pecho, parecerá que te defiendes y que estás a la contra; si mantienes las manos a los lados de las caderas como si fueran las asas de una jarra, parecerás agresivo; si entrecruzas los dedos de una mano con los de la otra y los pones encima de la mesa, parecerá que tienes cierta tensión interna; al contrario, prueba a dejar las manos relajadas una encima de la otra, en el regazo o en la mesa si es apropiado. También puedes dibujar una ojiva juntando las yemas de los dedos de una mano con los de la otra y haciendo que las puntas de los pulgares se toquen. Ese gesto está asociado a la seguridad en uno mismo.

Cuando hables y quieras transmitir sinceridad, pon las palmas abiertas y hacia arriba. Evita a toda costa tocarte la cara durante la entrevista. Las personas que dicen cosas que no creen, que exageran en sus declaraciones o que directamente mienten tienen tendencia a tocarse la nariz o la boca justo después de hablar. No lo hagas. Mantén las manos alejadas de la cara durante toda la entrevista.

Sobre el uso de las distancias te interesa saber que las personas somos animales territoriales. Es como si a nuestro alrededor lleváramos una burbuja de aire que fuese nuestro territorio. En función del tipo de relación que tenemos con los demás consideramos normal el que se acerquen a nosotros o no y que penetre más o menos en esa burbuja. En una entrevista de trabajo muéstrate respetuoso con las distancias de tu interlocutor. No rompas su burbuja. No le toques el hombro ni el antebrazo cuando le des la mano; tampoco cubras su mano con la tuya como si hicieras un guante.

El territorio del interlocutor incluye también la mesa en la que se mantendrá la entrevista. Si vas con un maletín o tienes cualquier elemento que sea tuyo, no lo dejes directamente encima de su mesa a menos que él te dé permiso por propia iniciativa. Lo podría considerar una invasión de su territorio.

Sobre los elementos de dominio ten en cuenta que las personas somos animales sociales. Cuando estamos con otras personas es como si necesitáramos establecer una posición social en el grupo. O bien eres el líder, o bien eres un seguidor. Cuando estás en una entrevista de trabajo, puede que, por las características del puesto, estén buscando un líder, o puede que busquen un seguidor. Analízalo y, si estimas que lo que quieren es una persona capaz de ejercer el liderazgo, utiliza la siguiente estrategia: la primera vez que entres en contacto con el entrevistador no te acerques a él, deja que se acerque él a ti. Espera un momento en tu lugar y fuerza a que sea el otro quien se aproxime. No te inclines jamás hacia él. Nunca. Sólo los seguidores se inclinan y se acercan. Firme en tu lugar y sin doblarte hacia delante. Tampoco asientas constantemente con la cabeza como si aprobaras todo lo que dice el otro. Si eres un líder, la aprobación la darás cuando tú quieras, y nunca constantemente. Eso lo hacen los seguidores.

Finalmente atendamos a tu tono de voz. El tono transmitirá seguridad, o inseguridad, duda, titubeo, firmeza, claridad... Utiliza tu voz para que transmita las cualidades que estimas convenientes. Elimina tus muletillas y expón tus ideas con claridad.

Te recomiendo que utilices una cámara de vídeo, o una webcam, para grabarte simulando una entrevista. Así te podrás ver desde fuera y prestarás atención a cómo te desplazas, qué posición corporal adoptas, cómo suena tu voz, qué haces con las manos. Puede ser un ejercicio muy enriquecedor. Pide a un amigo, a tu hijo mayor o a tu pareja que te grabe mientras simulas que estás en una entrevista profesional. Más adelante encontrarás una relación de preguntas típicas. Pide que te las haga de forma alternativa mientras grabas tus respuestas. Rápidamente identificarás en cuáles pareces más sincero y en cuáles menos. Grábate de nuevo una y otra vez y analiza tus progresos. Por lo general no necesitarás más de una semana para adquirir destreza en estos lances.

En la entrevista te van a interrogar sobre distintos aspectos de tu vida, de tus estudios y de tu trayectoria profesional.

Conviene que tengas una respuesta clara y favorable para cada uno de los siguientes puntos.

Sobre tus estudios:

$ *¿Cuáles han sido las cosas más importantes que has aprendido en tus estudios?* Piensa en qué está en la cabeza de tu interlocutor. Ten presente el puesto de trabajo para el que estás siendo entrevistado e identifica el tipo de conocimientos que son esenciales en este cargo. No te limites a pensar en el sector en el que estás ni en los conocimientos técnicos, identifica las habilidades de comunicación y de relación y luego cuélalas en tu respuesta de forma sutil.

$ *¿Tu titulación es un buen indicador de tu nivel de conocimientos profesionales?* Claro que no lo es. Sabes que no bastan tus estudios y por eso has hecho lo que está en tu mano para profundizar en tu aprendizaje. Has leído todo lo que has podido en el área de tu conocimiento técnico y también en áreas afines. Si el puesto es para un cargo de dirección, incluye también las habilidades de liderazgo, proactividad, gestión del tiempo y presentaciones que has adquirido. No te olvides mencionar que la experiencia y la práctica son mejores indicadores que la mera titulación.

$ *Háblanos de tus habilidades y de tus estudios.* Explica de forma clara qué sabes hacer y qué has estudiado, qué motivos decidieron tus estudios y qué habilidades extracurriculares puedes aportar. Ten presente que algunos entrevistadores te harán preguntas para analizar la forma en que respondes y no tanto qué respondes. Si te digo: «¿Tomas decisiones con facilidad?», no importa tanto tu respuesta como el hecho de que respondas rápidamente.

$ *¿Cómo encajan tus estudios con tu plan de carrera?* No des a entender que no te gusta lo que has estudiado y que tienes otros planes para ti. Esto podría generar dudas sobe la conveniencia de contratarte. Al revés, confirma que han sido la base en la que te has apoyado para aprender aunque la experiencia profesional ha sido algo irreemplazable.

Sobre tus trabajos anteriores:

$ *¿Qué tipo de trabajos has desempeñado?* Limítate a enumerar los que puedan tener sentido dentro de la conversación que tenéis. Si el puesto para el que te seleccionan es de técnico informático, quizá puedes omitir la temporada que te pasaste troceando pollo en una cadena de envasado. Resalta en cambio aquellos puestos que creas que añaden valor al puesto actual. Explica cómo te aportaron habilidades de comunicación, liderazgo, resolución de problemas y gestión de equipos. Fue toda una experiencia de aprendizaje.

$ *¿Cómo lograste tu anterior puesto?* En un proceso de selección muy difícil, que duró mucho tiempo y en el que había cientos de participantes. Tú fuiste el mejor, sin duda. Aunque había un tal Bill Gates que no se quedaba corto. Pillas la idea, ¿verdad?

$ *¿Cuáles eran tus principales responsabilidades?* Explícalas y deja claro que eres una persona resolutiva, responsable y fiable.

$ *¿Qué tal te portabas con tus anteriores jefes?* Excelentemente. Vieron enseguida que eras una pieza valiosa y fueron dándote más y más responsabilidades. Se sentían tranquilos descargando en ti parte de sus abrumadoras tareas. Sabían que tú les podías sacar las castañas del fuego si hacía falta.

$ *¿Cómo describirías a tus anteriores jefes?* Unas bellísimas personas. Eran excelentes modelos de referencia y te encantaría que tus hijos tuvieran la oportunidad de inspirarse en personas de semejante talla. A ti te abrieron los ojos en el desarrollo de la excelencia profesional. Todos han sido inagotables fuentes de inspiración.

$ *¿Qué es lo que menos te gustaba de tu anterior puesto de trabajo?* Que no te suponía un reto, el sector iba a menos y tu talento no era explotado lo suficiente. Tenían una visión del negocio orientada al pasado y se limitaban a hacer lo que hacía la competencia. No innovaban ni estaban dispuestos a mejorar significativamente sus resultados.

$ *¿Cuál ha sido el proyecto más interesante en el que has participado?* El proyecto Apolo. Ten preparada una selección de tus mejores momentos profesionales y dalos a conocer destacando tu sentido de la responsabilidad, la competencia técnica, la implicación con el equipo, el liderazgo, el sacrificio, la tenacidad...

$ *¿Has tenido alguna vez problemas con tus compañeros?* Claro que no, al revés, tú siempre has mediado entre disputas. Tienes cierto don para tranquilizar a los demás y tus compañeros siempre han encontrado en ti algo más que un amigo. Incluso los *pitbull* más fieros comen de tu mano.

Sobre el puesto que ofrecen:

$ *¿Por qué motivos quieres este trabajo?* Porque necesitas el dinero para pagar las deudas en las que te has metido o porque te realizas trabajando por un sueldo irrisorio no son respuestas apropiadas. En realidad tienes varias opciones, pero ésta te atrae especialmente: una empresa interesante en un sector que dominas y en la que crees que puedes aportar valor. Siempre has deseado una oportunidad en este tipo de puesto para demostrar lo que puedes dar a la empresa.

$ *¿Te consideras el candidato ideal para ejercer estas funciones?* Claro que sí, y además estás dispuesto a estudiar la filosofía de la empresa, aprender sus valores y finalmente incorporarlos en todas tus acciones. Eres la persona adecuada para el puesto porque tienes una determinación pétrea.

$ *¿Qué habilidades tienes que puedas aportar a esta compañía?* Aparte de dominar los requisitos técnicos, tienes don de mando pero sabes obedecer instrucciones. Trabajas infatigablemente pero, cuando se trata de una situación especial siempre vas más lejos que los demás, eres persistente, tenaz y motivador. Alientas al resto del equipo y con tu creatividad aportas siempre soluciones. Tus habilidades de comunicación y de liderazgo siempre han destacado, pero también tu capacidad de resolución y la habilidad de conseguir buenos resultados con pocos recursos.

$ *¿Por qué estás interesado en trabajar en nuestra empresa?* Porque siempre has deseado formar parte de un proyecto de éxito y esta empresa te puede dar esta oportunidad. Porque ves en ella una buena tendencia y verdaderas posibilidades de sumar. Porque se ajusta perfectamente a tu momento vital y profesional, a la par que el puesto encaja perfectamente con tus talentos naturales.

$ *¿Qué sabes de nuestra empresa?* Que lo va a pasar mal en los próximos años. Que China le va a dar un palo que la va a dejar temblando. Que está llena de viejos fósiles anclados en los éxitos de unos tiempos que jamás regresarán. Que paga lo menos posible y no facilita los recursos necesarios. Claro que no. Tú sabes que es líder en su sector de especialidad. Que aporta valor añadido a un mercado agresivo. Que la competencia es dura pero que sus ventajas competitivas propician que tenga buenas perspectivas. Y no solamente eso: su equipo humano es de primera división. Desde la junta de accionistas hasta el director general, pasando por toda la escala de mando hasta llegar a los operarios. Sobre todo el departamento de recursos humanos es excelente.

$ *¿Qué sabes de nuestro sector?* Que está condenado a renovarse para tener alguna posibilidad de sobrevivir en los próximos años. Más vale que hagas tus deberes y que averigües qué tal le fue a ese sector en el pasado y cómo se está moviendo ahora. Es importante que vean que estás preparado.

$ *¿Qué expectativas tienes de ascender en nuestra empresa?* Vigila, esta pregunta es una trampa. Si dices que no esperas ascender, pueden pensar que eres poco ambicioso y tal vez no les interese una persona conformista. Si dices que aspiras a ir ascendiendo en la escala de mando, tal vez los asustes y crean que vas a durar dos días o que vas a buscar opciones fuera de esta empresa si no asciendes rápidamente. Te interesa jugar bien tu baza. Di algo como: «Para mí el ir ascendiendo está relacionado con la capacidad de ir añadiendo valor al puesto que uno desempeña. No soy terriblemente ambicioso pero quiero ser promocionado a medida que la empresa lo considere conveniente».

$ *¿Estás dispuesto a viajar si hace falta?* Claro que no. No vas a dejar a tu pareja sola en casa mientras tú estás durmiendo en hoteles de carretera. Di la verdad. Sí, claro que estás dispuesto. La movilidad nunca ha sido un inconveniente para ti. Entiendes que vivimos en la aldea global y que esto, muchas veces, implica desplazarse. Hay que ir donde el cliente está. Nunca has dudado ante eso. Así eres tú.

$ *¿Estás dispuesto a hacer horas extras si es necesario?* Digas lo que digas, si el puesto es tuyo y hay que hacer horas las vas a hacer, así que ¿para qué complicarte con tus pretensiones? A nadie le gusta tener que renunciar a su vida personal, pero cuando la competencia aprieta todo el esfuerzo posible es poco. Siempre has hecho horas extras, no has dudado en dejar a tu familia de lado, de hecho te perdiste las primeras palabras que dijo tu hijo pequeño porque estabas en una reunión de trabajo. Pero sabes que lo importante es arrimar el hombro. Es en estos momentos cuando se demuestra la profesionalidad de la gente.

$ *¿Cuándo estarías en disposición de incorporarte?* En el caso de ser seleccionado, harás lo que esté en tu mano para que la incorporación sea lo antes posible. De todas formas no puedes despedirte así como así de tu antigua empresa. Eres una persona fiel y comprometida y tienes que cumplir con los requisitos mínimos. Hablarás con tu jefe para ver qué se puede hacer. Evita decir que estás en el paro o que puedes incorporarte mañana mismo. Podrían pensar que eres perfectamente prescindible en tu empresa y, por tanto, que eres de poco valor. No temas pedir cierto tiempo, es lo normal y ellos lo esperan. No seas específico si puedes evitarlo pero no te muestres enteramente disponible. Cialdini, en su estudio sobre la influencia (que deberías leer), comenta el valor que tiene la escasez sobre las personas. Cuando algo parece escasear aumenta su valor.

$ *¿Cómo deberíamos evaluar tu desempeño?* En función de los resultados que consigas. Estás acostumbrado a que evalúen tu rendimiento. A ti te asignan unos objetivos y haces lo que sea necesario para lograrlos.

$ *¿Qué otros puestos de trabajo estás considerando?* Tienes varias opciones muy interesantes aunque no estás del todo decidido. Lo que inclinará la balanza será que tus capacidades encajen perfectamente con los requisitos del puesto.

$ *¿Qué criterios estás utilizando para evaluar el tipo de empresa en el que trabajar?* Tiene que ser una empresa comprometida con su éxito y que apoye a sus trabajadores. Eres un jugador de equipo y buscas estar en un bando ganador.

$ *¿Con qué tipo de ambiente de trabajo te sientes más cómodo?* Siempre has pensado que una buena colleja a tiempo evita males mayores. Severidad y mano dura son tus apellidos. Claro que no. Vas a decir que el ambiente influye en los resultados. Que es necesario que las personas trabajen duro en un entorno competitivo pero que estimule la participación. Crees que los retos hacen crecer a las personas y que el talante de los buenos marineros se mide ante las tormentas.

$ *¿Qué cualidades debe tener un mando?* Debe ser capaz de conseguir los resultados que tiene asignados. Para ello es importante que sepa comunicar los requisitos de rendimiento a su equipo, ha de saber motivarlos y corregir el comportamiento inadecuado a la vez que los estimula y hace crecer. Un mando es alguien que saca lo mejor de su gente y que da dirección.

$ *¿De qué formas crees que puedes aportar valor a esta empresa?* Repartiendo juego, motivando a tus compañeros para que mejoren siempre su desempeño y aportando tus conocimientos técnicos y tu experiencia.

$ *¿Por qué deberíamos contratarte?* No tenéis a nadie más que esté dispuesto a hacer lo que le pedís por el sueldo que pagáis. Eres el mejor candidato: crees en el proyecto y estás motivado, te sientes preparado para aportar valor añadido a tu puesto y eres un jugador de equipo infatigable. Sin duda una buena elección.

Sobre tu competencia:

$ *¿Qué habilidades dirías que has adquirido en tus pasados puestos de trabajo?* Has perfeccionado tus conocimientos técnicos y has adquirido experiencia en situaciones muy diversas. Cosas que no se pueden aprender en la facultad. Además has desarrollado tu capacidad de comunicación y relación.

$ *¿Cuáles son tus fortalezas y cuáles tus debilidades?* Tus fortalezas son tres: aprendes rápido, consigues resultados y perseveras ante los obstáculos. Tus debilidades: quizá algunas veces eres demasiado perfeccionista, te cuesta decir que no a un reto, te concentras tanto en lo que haces que algunas veces te olvidas de ir a casa a dormir.

$ *¿Prefieres trabajar por libre o en un equipo de trabajo?* Soy uno con el equipo. Un líder nato. El lobo alfa. La gente con la que he trabajado siempre ha reconocido mi liderazgo y se ha apoyado en mí. En Navidades me llegan cartas de antiguos compañeros agradeciendo los aforismos con los que he iluminado su vida.
$ *¿Cómo podríamos utilizar mejor tus habilidades en nuestra empresa?* Sin ninguna duda hay varias cosas que puedes aportar. Lo mejor es que te den una oportunidad y vean cómo juegas. Luego podrán decidir en qué posición pueden explotarte mejor.

Sobre el salario:
$ *¿Qué esperas cobrar en un puesto como éste?* Bueno, teniendo en cuenta que vas a viajar toda la semana y harás más horas que un reloj, te conformas con el salario mínimo, un puñado de aceitunas y un trozo de pan seco, como un buen espartano. Defiende tu sueldo. Ésta es una pregunta importante. Te recuerdo que lo que aceptes en esta negociación inicial va a marcar tu posición en los próximos meses (o años), así que negocia bien el precio. Si no te discuten lo que pides es que es demasiado poco.
$ *¿Cuánto cobras en tu puesto actual o en tu último puesto?* Menos de lo que mereces. De hecho con lo que cobras no puedes pagar tus deudas, así que estás buscando un puesto en el que ganes más. Claro que no. Vas a contar la verdad hinchada en un 10 o un 15 por ciento.

Sobre tu persona:
$ *¿Cuál consideras que ha sido tu logro más destacable?* Formar una familia. En un entorno tan complejo ser un padre afectuoso y protector colma tus aspiraciones. Si no has formado aún una familia, prepara una explicación que te permita lucirte como perseverante, tenaz, creativo o solidario.

$ *¿Qué tal te adaptas a las nuevas situaciones?* Como el agua al recipiente que la contiene. No solamente eres flexible, sino que además piensas que las personas de éxito tienen que saber adaptarse rápidamente al cambio. Las estrategias que sirvieron en el pasado pierden parte de su valor en un entorno tan dinámico, así que es importante saber afrontar nuevos retos.

$ *Nombra tres personas que admires y qué es lo que admiras de ellas.* Tu padre, tu madre y tu amigo José, el informático. Winston Churchill por su capacidad de perseverar ante el obstáculo y de mantener inspirado a todo un pueblo. Jack Wellch por haber demostrado que las empresas pueden mejorar mucho si se juega en equipo y se confía en las personas, y la madre Teresa de Calcuta que, con su ejemplo de compromiso, te ha servido para mantenerte firme en tus propósitos. Piensa bien esta pregunta porque tienes la oportunidad de posicionarte en la mente de tu interlocutor de una forma muy directa.

$ *¿Qué libro has leído que te haya influido positivamente?* Es difícil quedarte con uno solo entre tantas obras inspiradoras. Quizá *Los pilares de la tierra,* por la forma como el autor enseña el valor de la perseverancia y la constancia, o *Robinson Crusoe,* por el hecho de que siempre hay alguna opción disponible si pensamos en ella. *Quién se ha llevado mi queso* te ayudó a reforzar algo que tú siempre habías creído: es importante adaptarse a los cambios.

$ *¿Bajo qué circunstancias crees que es apropiado despedir a una persona?* Siempre que no esté cumpliendo con los requisitos de su puesto de trabajo. La empresa te paga para desempeñar unas funciones; si tú no las asumes, dejas de hacer lo que se supone que debes hacer, luego, ¿qué sentido tiene que te sigan manteniendo en un puesto cuando tú incumples tu parte del trato?

Éstas pueden ser algunas preguntas. Si te preparas, harás que jueguen en tu favor. Piensa en lo que está buscando la otra persona e intenta que tu respuesta, reflejando la verdad, esté ajustada a sus expectativas.

Si respondes a estas preguntas, o a otras por el estilo, correctamente, tendrás ocasión de preguntar tú. Aprovecha esta oportunidad y lanza algunas de las siguientes preguntas:

$ ¿Cómo será mi jornada de trabajo típica?
$ ¿Cuál es la prioridad número uno para la persona que acepte este trabajo?
$ ¿Cuáles son las principales responsabilidades en este puesto?
$ ¿Qué pasó con la última persona que ocupó este cargo?
$ ¿Qué puedo esperar hacer durante los próximos tres años?
$ ¿Qué se espera que consiga un nuevo empleado en los primeros seis meses?
$ ¿Cómo definirían la filosofía de dirección de su empresa?
$ ¿Qué características tienen en común los mandos de su empresa?
$ ¿Cuáles diría que son las fortalezas de este departamento?
$ ¿Cuáles son los valores de esta empresa?
$ ¿Cómo se reflejan los valores de esta empresa en el día a día?
$ ¿Qué tipo de personas son las más exitosas en esta compañía?

Bien, has preparado un currículum vitae ganador, tienes una actitud mental adecuada y has hecho tus deberes preparándote para pasar los test de selección y la entrevista de trabajo. Éste es el sistema tradicional. Vamos a ver qué otras opciones tienes disponibles que puedes explotar.

Actualmente hay personas que necesitan lo que tú sabes hacer, solamente que no te conocen y no pueden contratarte. Se trata de que te pongas en contacto con ellas. La manera más fácil de lograrlo es a través de Internet. Accede a los portales que ofrecen trabajo en la red y cuelga en ellos tu currículum vitae. Los mismos principios son válidos, sólo que quizá te interese tener varios perfiles creados para poder acceder a las ofertas de distintos puestos de trabajo. Por ejemplo, a lo mejor tienes estudios en diseño gráfico y experiencia profesional como comercial. Puedes personalizar tus currículum vitae de manera que uno destaque tus capacidades en cuanto a diseñador, otro en cuanto a comercial y otro en cuanto a comercial de temas relacionados con el diseño gráfico. Dedica tiempo a elaborar los currículum vitae, puesto que la red tiene la ventaja de ponerte en contacto de forma inmediata con muchas ofertas posibles, pero la desventaja de que estarás luchando con mucha gente.

Otra opción que recomiendo que explores sin demora es la búsqueda proactiva. Consiste en ser tú quien determine para quién quieres trabajar. En lugar de responder a los anuncios que publican las empresas, identifica qué características tendría tu puesto de trabajo ideal y qué empresas pueden tener puestos así. Luego planifica una campaña de promoción personal. Traza una ruta y visita personalmente estas empresas. Pide hablar con el director general. Si no lo consigues, pregunta por el director de personal o de recursos humanos. Si no puedes acceder a ellos directamente, pregunta por el que sería tu jefe directo y construye con él una relación fructífera. Haz que sea él quien te venda dentro de la empresa.

Cuando estés cara a cara con tu interlocutor, haz una venta pero no te centres en tu oferta, en tus necesidades y en tus características. Más bien explica cómo puedes beneficiar a la empresa contratante y deja claro qué valor puedes aportar y por qué crees que saldrán ganando dándote una oportunidad dentro de la empresa.

Estás negociando, no suplicando. No necesitas el puesto de trabajo, lo quieres. Deja la puerta abierta y entrega tu currículum vitae. Si te ofrecen un puesto de trabajo, excelente. Sino, no pasa nada; de todas formas es poco probable que lo consigas a la primera. Haz una llamada de seguimiento un par de días más tarde si es apropiado. Retoma el contacto al cabo de unos meses y sigue haciéndolo hasta que logres un trabajo. Haz un esfuerzo especial al negociar las condiciones de contratación. Si ves que tienen interés por ti y que consideran tu contratación de forma seria, defiende tus condiciones. Piensa que lo que acuerdes al principio va a prevalecer y costará mucho que lo cambies luego. Es mejor conseguir todo lo que puedas al inicio que aceptar condiciones mínimas pensando que luego ya las mejorarás. Tenlo presente.

Otra buena opción para conseguir un trabajo son las redes sociales. Encontrarás información detallada más adelante.

Si trabajas para otro, intenta ascender dentro de la empresa

Si estás trabajando en una empresa y tu plan consiste en ganar más dinero, haz lo que esté en tu mano para ser promocionado. Necesitas un plan de acción para ascender, pero primero es importante que tengas recorrido. Si entre tú y el director general hay solamente un puesto y está codiciado por ocho viejos directivos, las posibilidades de obtenerlo son mínimas. Si en cambio ocupas un puesto técnico, puedes tener más opciones. En cualquier caso quieres conocer cuáles son tus posibilidades. Para ello habla con tu jefe y plantéale tus aspiraciones. Debes asegurarte de saber qué tendría que pasar para que fueras ascendido. Luego haz que eso pase. Asegúrate de conocer cómo se evalúa tu desempeño y trabaja en mejorar tus áreas débiles a la vez que sigues potenciando tus puntos fuertes. Pregunta también a tus compañeros. Averigua cómo puedes ayudarlos a realizar mejor su trabajo. Procura ser un miembro más eficiente dentro del equipo. Si diriges un equipo, descubre de qué forma puedes facilitar su propio éxito y qué te hará mejor directivo. Como sugiere Tom Peters, no dudes en ofrecerte voluntario para las tareas que nadie quiere. Cualquier ocasión te brinda la oportunidad de destacar.

Ascender en la empresa generalmente significará desempeñar un cargo directivo, ya sea de un departamento, de una sección o de un área. ¿Tienes las características de un buen dirigente? ¿Eres un buen jugador de equipo? ¿Sabes repartir juego? Vas a tener que centrarte en estos aspectos para ser promocionable. Averigua si hay un plan de formación dentro de la empresa y, en caso de que exista, pide que te incluyan en él. Tienes que dedicar tiempo a tu preparación.

Dirigir implica saber hacer ganar a tu equipo. Si tienes un equipo, tendrás éxito cuando los hagas ganar a ellos, así que deberás saber cómo hacer para que los miembros de tu equipo tengan éxito. Puedes ser muy bueno desde el punto de vista técnico, pero si no consigues que los demás jueguen conjuntamente y logren sus objetivos no podrás ganar.

No sé cómo se juega al tenis en tu ciudad, pero en Sabadell, de donde yo soy, ganas cuando eres capaz de llevar la pelota al campo contrario, pasándola por encima de la red, una vez más que tu oponente. Utilizar el mejor calzado deportivo vale cero puntos. Disponer de tres pares de raquetas de las más caras, cero puntos. Saber el ranking de los cien primeros puestos de la ATP no te da ningún punto. Ni tampoco valen nada tu juego de piernas ni la forma en que te mueves por la pista. Tu objetivo es pasar la pelota al campo contrario una vez más que tu oponente y solamente así puedes ganar.

Cuando estás liderando un equipo, sólo ganas cuando les haces ganar a ellos. Se trata de conseguir que cada uno cumpla con su parte y que entre todos logren el objetivo que tienes asignado. No importa cuántas teorías sepas de dirección de equipos, ni que lleves corbata o no, lo caros que sean tus zapatos o que hayas estudiado en Harvard. Ganarás cuando logres que tu equipo gane. Punto. Así que necesitas adquirir el tipo de conocimiento necesario para mover a las personas.

Pregunta en el ayuntamiento o en la cámara de comercio de tu localidad si tienen programas de formación en habilidades directivas. En ese caso apúntate y aprende. Busca en la red cursos de formación a distancia, artículos y herramientas para gestionar el rendimiento de equipos de trabajo.

Como te contaría Eduardo Escribá, mi mentor en habilidades directivas, básicamente te centrarás en dos grandes objetivos: si los miembros de tu equipo hacen lo que esperas de ellos reforzarás su conducta y si no lo hacen los confrontarás.

Para reforzar su conducta lo que quieres es reconocer sus logros y hacerles notar que estás al corriente de su desempeño, que lo valoras y agradeces. Para confrontarlos infórmales. Confrontar a otra persona no significa ser agresivo sino resolutivo. Cuando un colaborador no hace lo que se supone que tiene que hacer y con ello impide que tu equipo gane y que tú consigas tus objetivos como directivo, tienes que decir a dicha persona que su rendimiento es equivocado. También le has de explicitar el tipo de rendimiento que esperas de él y lo que quieres que haga. Esto es básico. No presupongas que las personas que trabajan para ti saben qué esperas de ellas. Sé proactivo y asegúrate de hacérselo saber de forma clara y precisa. Después de haberlo confrontado es imprescindible que hagas un seguimiento y supervises el rendimiento de dicho colaborador descarriado. De esa manera, si realmente cambia y hace lo que tiene asignado, podrás reforzar el cambio con un comentario positivo, y si no cambia estarás en disposición de seguir corrigiéndolo.

Cuando un colaborador tuyo, a pesar de tu confrontación, no hace lo que esperas que haga, habla con él y dile que su conducta sigue siendo inapropiada y pregunta por qué motivo es así. Escucha sus explicaciones y muestra tu apoyo para resolver los problemas que pueden estar impidiendo su trabajo. Después te tocará hacer el seguimiento de nuevo. Si en esta ocasión cambia, podrás reforzar su logro y, si no cambia, tendrás que confrontarlo de nuevo.

Como ya lo has hecho dos veces, en esta ocasión necesitas asegurarte de lo siguiente:

$ Que tu colaborador conozca qué le estás pidiendo exactamente que haga. Lo mejor es preguntarle de forma directa que te describa lo que esperas de él. ¿Cómo va a hacer algo si no sabe la forma que tiene lo que debe producir?

$ Que sepa para cuándo quieres que haga lo que le pides. Si piensa que lo puede hacer más adelante, quizá no lo tenga para cuando tú lo necesites.

$ Que sea consciente de la prioridad que tiene eso. Si cree que hay cosas más importantes, se centrará en ellas y dejará lo que le has pedido para otro momento.

$ Que no tenga una forma de actuar que considere que es mejor que la tuya. Si cree que hay una manera preferible de hacer las cosas que la que le propones, y no te has asegurado de averiguarlo, puede que no haga lo que le has encomendado.

$ Que no crea que tu forma de actuar no es apropiada o que no va a funcionar. ¿Quién iba a trabajar de forma decidida en hacer algo que cree que es equivocado?

$ Que sepa cómo hacer lo que le pides. Si no lo sabe, ¿cómo va a hacerlo? Enséñale a hacer las cosas y asegúrate de que aprende.

$ Que tenga los recursos y los medios necesarios para hacerlo. Sin los medios necesarios ¿cómo va a conseguir lo que quieres? Asegúrate de facilitarle herramientas, materiales y todo aquello que necesite.

$ Que no gane nada por no hacer lo que le pides. ¿Por qué iba a hacerlo si sale ganando sin hacerlo? En el caso de que sea así tendrás que asegurarte de cambiar la situación y que pierda si no lo hace.

$ Que intuya que va a haber consecuencias negativas si no lo hace. Si una persona cree que al hacer lo que le mandas va a salir perjudicado, intentará no hacerlo.

$ Que no tenga ningún tipo de problema personal. Cuando alguien de tu equipo pasa por una situación personal delicada hay que estar a su lado para apoyarlo y que lo supere. Algunas faltas de rendimiento pueden ser originadas por estos hechos.

$ Y que sea capaz de hacer lo que le pides. Si es incapaz de hacerlo es que está en el puesto equivocado.

Una vez que te has asegurado de dar respuesta a estas preguntas, si consideras que la persona podría hacer lo que le pides, pero elige no hacerlo, tienes que confrontarla para que o bien cambie y haga lo que tiene asignado o bien puedas despedirla.

De esta manera puedes corregir el rendimiento de los miembros de tu equipo con un mínimo coste emocional.

También es importante que dediques tiempo a desarrollar a aquellas personas que están trabajando bien pero que podrían hacerlo aún mejor. Para ello dales más responsabilidades y ayúdalas a que sean más autónomas y que aprendan a confiar más en ellas.

Recuerda que para tener éxito en una organización es necesario que te centres en mejorar tu inteligencia social. En las empresas, aquellas personas que ocupan puestos mejor pagados no son necesariamente las más inteligentes, como habrás podido comprobar muchas veces, sino las que mejor gestionan sus relaciones.

Según Daniel Goleman, las personas con autodominio, equilibradas y que son capaces de controlarse ante situaciones frustrantes, que no caen en la ira, ni se deprimen fácilmente, y que evitan contagiar este tipo de sentimientos a los demás, que tienen capacidad de tranquilizarse, de razonar y de moverse hacia sus objetivos son las que más éxito logran dentro de la empresa.

Los estados de ánimo negativos van a impedir que asciendas dentro de una organización, así que si no quieres que obstaculicen tu ascenso deberás identificarlos y abatirlos. Lee todo lo que encuentres de Albert Ellis. Este psicólogo tiene un modelo de gestión emocional muy efectivo y práctico. También puedes escuchar mi audiolibro *Estrategias de eficacia emocional.*

Lo que las empresas buscan son personas con carisma, personas agradables, que sean capaces de comunicarse y dialogar, que sepan descubrir los estados emocionales en los demás, que sean cordiales, que escuchen, que tengan en cuenta a los otros. Incorpora estas características a tu forma de ser.

Otra manera generalmente efectiva de ascender dentro de una organización es ofreciéndote para el departamento comercial. Esto pasa por ejemplo en las entidades financieras. Pide una plaza de vendedor y prepárate para ser el mejor. En esa función tienes más posibilidades que en ninguna otra de demostrar tu valía y tu talento.

En este caso te harán falta conocimientos de venta. Adquiérelos. Estudia y fórmate. Haz nacer al comercial que llevas dentro. He formado a cientos de comerciales y lo he visto muchas veces: personas con facilidad de comunicación y dominio técnico del producto, o del sector, han sido superadas por otras menos preparadas pero dispuestas a aprender. Que la arrogancia no te ahogue de nuevo. ¿Quieres ser un buen vendedor? ¿Te gustaría hacer carrera en una de las profesiones mejor retribuidas que existen? Prepárate y vete a por ello. Solamente tú mismo puedes interponerte en tu éxito. Ahora bien, vaya por delante que se trata de un trabajo muy duro. Tom Hopkins lo llama el trabajo duro mejor pagado del mundo, o el trabajo fácil peor pagado del mundo. Si lo haces bien, te preparas y cumples tu parte, puedes ganar mucho dinero de forma rápida y satisfactoria. Si no haces lo necesario, vas a sentirte la persona más frustrada del mundo. El vendedor tiene una de las profesiones más difíciles, sobre todo por el componente mental, ya que se enfrenta al rechazo constantemente.

Para que un cliente diga que sí y acepte la propuesta que le haces vas a tener que aguantar, de media, que nueve clientes te digan que no. ¿Estás preparado para que alguien que no conoces te diga que no una y otra vez? ¿O por el contrario te asaltarán dudas sobre tu valía, sobre tu persona o sobre el producto que representas? ¿Serás capaz de levantarte con nueve «no» a tus espaldas y encaminarte a tu décima visita, o preferirás quedarte en el coche chupándote el dedo pulgar hasta dejarlo arrugado?

Los vendedores más exitosos comparten una serie de rasgos de carácter que están relacionados con el éxito, entre los que quiero destacar las habilidades de comunicación, la capacidad de autogestionarse y la persistencia.

Algunas personas han desarrollado a lo largo de su vida estas capacidades y acceden al mundo comercial con cierta ventaja. Otras, por el contrario, ni saben expresar sus pensamientos de forma clara y ordenada, ni tienen iniciativa, ni saben disciplinarse, ni soportan la frustración del rechazo continuado. Ni que decir tiene que estas segundas lo tienen mucho más complicado. Pero ahí están las buenas noticias: en mi experiencia todas las personas pueden llegar a ser buenos comerciales; básicamente se trata del esfuerzo que estén dispuestas a hacer y de si están motivadas para ello y van a pagar el precio.

Lo más rápido para aprender es que leas todo lo que puedas sobre técnicas de venta y negociación. Acude a la biblioteca y pide prestados todos los libros que encuentres sobre estos temas, luego añade también todo lo que tengan sobre PNL y sobre influencia. Luego ponte en marcha. No te quedes en la lectura, aplica los conocimientos. Para permanecer motivado en este periodo de formación busca un grupo de apoyo. Si te incorporas al equipo comercial de una empresa, averigua quién es el mejor vendedor y descubre cómo piensa y cómo se organiza. Hay muy buenos vendedores que no saben explicar exactamente cuál es la clave de su éxito. No importa, simplemente habla con ellos y pide que dejen que los acompañes a hacer visitas. Mantén la mente abierta y absorbe cómo lo hacen. Moldea su forma de ser ajustándola a tu propia personalidad.

La mayoría de empresas con departamentos comerciales sólidos ofrecen programas de formación. Muchos de estos programas están desactualizados y no incluyen los últimos avances pero te podrán dar las bases formativas sobre las que luego poder ir creciendo.

Pregunta en el ayuntamiento y en la cámara de comercio de tu localidad por cursos de formación en técnicas de venta y de negociación y apúntate a todos los que puedas.

Para mejorar tus habilidades de comunicación fórmate también en Programación Neurolingüística. La llamada PNL te dará herramientas muy prácticas y de probada utilidad. Lee también el libro de Robert Cialdini sobre la influencia. Es básico.

De todos los métodos para estructurar un proceso de ventas, el que más me convence es el de Neil Rackham. Él y su equipo han identificado el proceso a través del cual las personas toman decisiones de compra. Si estudias su metodología, aprenderás qué hacer, qué evitar, qué decir en función de la fase en la que esté tu interlocutor. Para cada fase hay un conjunto específico de objetivos que quieres lograr y de pasos que quieres que siga tu cliente. Es muy, muy bueno.

Si a pesar de tu esfuerzo por ser ascendido ves que no progresas, quizá necesites buscar un nuevo cargo en otra organización. Tal vez te equivocaste al evaluar la posibilidad de ascender o puede que existan razones que desconoces, como que tu jefe te esté bloqueando porque se sienta amenazado.

En ese caso relee el apartado anterior, haz un buen currículum vitae y planifica la caza del puesto que te interesa.

Si trabajas para ti, mejora tu marketing

Las personas autónomas, que trabajan para ellas, son propietarias de un puesto de trabajo. Tienen que decidir cómo organizarse, qué horas trabajar, cómo ganar clientes, tienen que generar sus servicios y productos, establecer los precios a los que van a facturar... Es como llevar la gerencia de un negocio unipersonal.

Muchas personas que me han contratado como *coach* eran profesionales liberales que no estaban ganando lo que querían. Algunas habían tenido éxito en ciertos momentos pero entonces no lo tenían, y otras se habían lanzado a trabajar por su cuenta y jamás habían logrado hacerse una cartera de clientes.

Y no es que no fueran buenas en lo que hacían. Generalmente se trataba de personas con un buen nivel de conocimiento especializado: un ingeniero, un informático, un abogado, un masajista, un consultor, un detective, un podólogo, un profesor de yoga; trabajaban para sí mismas, pero no ganaban lo que querían; se esforzaban muchas horas y eran altamente competentes en su área técnica, pero los resultados no llegaban.

El problema está en que no basta con un conocimiento técnico para tener éxito al mando de un negocio, aunque sea un negocio unipersonal. Cualquier autónomo debería ser capaz de actuar como un gerente profesional, y específicamente atender su área técnica, pero también su área comercial, su área administrativa, su área de atención al cliente, su área de investigación, desarrollo e innovación, etcétera. Hace falta tener conocimientos específicos de marketing de servicios profesionales, y a estas personas nadie les ha enseñado exactamente cómo presentar sus servicios, contactar con clientes potenciales, hacerse con una clientela fiel y mantenerla. Han creído que bastaba con ser buenos en lo que hacían y se han equivocado. No es suficiente.

Si eres técnico en alguna área y trabajas para ti, ¿cómo puedes hacerte una buena clientela? Potenciando tu marketing y desarrollando las habilidades que te hagan ser buen gestor además de técnico.

Por si esta tarea fuese sencilla, también te enfrentas a otro obstáculo: los profesionales liberales suelen cambiar tiempo por dinero, es decir, la mayoría de los autónomos van a vender sus servicios por horas y cobran por ese intercambio. Pero cambiar tiempo por dinero es un error. Como dice Alan Weiss: «Si facturas por horas, sigues jugando en la liga amateur». El problema básico es que tienes una cantidad de horas limitadas a la semana que puedes facturar. Si cambias tu tiempo por dinero y tu tiempo es limitado, tu dinero también será limitado. Tienes que aprender a facturar en función del valor aportado.

Pero vayamos paso a paso. Si eres un profesional liberal y quieres aumentar tu facturación, desarrolla adecuadamente la parte comercial y de marketing. Más delante te doy algunas ideas clave para ello. Si lo que te preocupa es mantenerte en el negocio a medio y largo plazo, céntrate en formarte para ser capaz de ejercer todas las funciones que la gerencia reclama.

Primero lo primero: aumentemos tus ventas.

Los clientes están acostumbrados a la calidad, saben lo que es bueno y, generalmente, tienen una imagen preconcebida de lo que constituye un servicio o un producto adecuado. Así que vas a asegurarte de que lo que ofreces es bueno porque si no lo es tienes poco futuro, a menos que te dediques a engañar, y quiero pensar que no tienes eso en mente. Lee sobre los procesos de mejora de la calidad en la red y aplícalos a tu actividad.

El mejor activo de que dispones es tu nombre y buen hacer, así que verifica que tus actuales clientes están satisfechos con lo que les das. No confíes sólo en tu intuición. Ponte en contacto con ellos específicamente para preguntar sobre su percepción. ¿Cómo te ven? ¿Qué podrías hacer para mejorar el servicio que les prestas? Asegúrate de que te contestan y que sabes eso. Piensa que cada queja que puedan hacerte es un regalo para ti, toma nota de ellas, analiza por qué se han producido y qué puedes hacer para evitar que se produzcan en el futuro. Quieres fabricar un buen nombre y mantenerlo. Estás en un juego de percepciones. Crea una imagen adecuada a tu servicio y hazla llegar a tus clientes potenciales.

Hay tres caminos básicos para que aumentes tus ingresos como autónomo: ganas clientes, aumentas el margen que te da cada venta o incrementas lo que vendes a los clientes que ya tienes.

Aumenta tu clientela. Vender a personas a las que no has vendido y crear nuevas relaciones comerciales es la estrategia más intuitiva, pero es la menos eficiente. Casi siempre resulta más sencillo vender más a tus actuales clientes, pero ocupémonos por ahora de los nuevos clientes.

Para aumentar tu clientela necesitas darte a conocer a posibles compradores, y para ello quieres estar al alcance de sus radares. Los siguientes puntos pueden ayudarte a lograr tu propósito:

$ *Crea un kit de promoción de tus servicios*. Para ello elabora un documento que explique de qué formas puedes ayudar a tus clientes. Identifica qué problemas afrontan las personas para las que trabajas y explicita cómo les aporta valor lo que haces. Imprímelo luego en papel corporativo y entrégalo a tus potenciales compradores.

$ *Crea una página web o un blog y ábrete al mundo*. Formas parte de una aldea global y, si no lo tienes claro aún, piensa que tus clientes y tu competencia hace tiempo que lo saben. Aprende a hacer una página web buscando tutoriales por Internet si no puedes permitirte contratar los servicios de una empresa especializada. El sector es tan dinámico que es preferible que inviertas poco dinero y que no te resulte emocionalmente complicado deshacerte de algo que ya no funciona a que inviertas una fortuna en algo que se puede quedar obsoleto al poco tiempo. Lo mínimo que tienes que tener es un blog. Da a conocer lo que haces, lo que piensas de tus servicios y por qué añades valor a tus clientes. Utilízalo como un elemento de información y de contacto entre tú, tus clientes y tus potenciales clientes. Piensa que estará trabajando para ti veinticuatro horas al día los siete días de la semana. Es muy importante, en cualquier caso, que dediques tiempo a la actualización de contenidos. Está hablando por ti y tú quieres que el mensaje que transmita sea el mejor posible. Asegúrate de que así sea.

$ *Participa en grupos y asociaciones donde puedan estar tus clientes.* Recuerda que los pájaros de la misma pluma vuelan juntos. Averigua qué hábitos de interacción social adoptan tus clientes e infíltrate en ellos. Quizá asistan a cierto tipo de eventos de promoción, a ciertas charlas, a grupos de mejora o a ferias del sector. Conoce sus hábitos y asegúrate de estar presente en su entorno social. Es más fácil que establezcas relaciones de confianza fuera del entorno comercial puesto que no resultas amenazante a los ojos de tus interlocutores.

$ *Habla en público en cada ocasión que tengas.* Piensa que la credibilidad es una de tus mejores bazas y que una forma de conseguirla es posicionándote como un experto. Si lo eres, date a conocer. Los asistentes suelen atribuir rasgos de credibilidad a los ponentes. Además, dar charlas en público te proporciona una perfecta plataforma de exhibición. Utilízala para añadir valor, no para hacer propaganda de lo que ofreces. Más bien habla del público que está escuchándote. Asegúrate de que se llevan algo cada uno de ellos. Al finalizar tu charla entrega a todos los asistentes una hoja a modo de resumen de los puntos más importantes. Incluye en ella tu imagen corporativa y sobre todo tus datos de contacto. Ofrécete a mandar de forma gratuita ampliación de la información que has compartido a todos los que tengan interés en ello y recopila las tarjetas de contacto de dichas personas.

Estructura de una charla:

1. Plantea un problema que tengan tus oyentes para el cual tu producto o servicio sea una solución aceptable.

2. Haz pensar a tus oyentes sobre las consecuencias de tener dicho problema, cómo los afecta ahora y cómo va a afectarlos en el futuro.

3. Cuando las consecuencias de su problema estén claramente establecidas en su mente, hazlos pensar en lo bueno que sería poder solucionarlo de forma efectiva.

4. Finalmente plantea tu solución como el medio para eliminar dicho problema.

$ *Escribe artículos y publícalos en la red o en revistas especializadas,* ya que la escritura es otra de las formas que tienes de aumentar tu credibilidad. Si tienes facilidad de palabra y tus ideas añaden valor a tus posibles clientes, considera la posibilidad de hacer una relación de temas de tu especialidad y transformarlos en artículos útiles. Cuélgalos en tu blog, en tu web o en páginas visitadas por tus posibles clientes.

$ *Imparte talleres de trabajo relacionados con tu área de dominio.* Haz saber a tus clientes que pueden participar en este tipo de eventos y que en ellos vas a compartir conceptos que les van a ser útiles en el desarrollo de sus negocios. Cuando los tengas dispuestos a participar, asegúrate de dar lo mejor de ti.

$ *Aparece en la radio como un experto.* ¿Conoces gente del sector o hay alguien entre tus conocidos que pueda introducirte? Ponte en contacto con dichas personas e infórmales de lo que haces. Si tu tema tiene interés, existirán muchas posibilidades de que puedan incluir tu testimonio en algún apartado. Ten presente que hay muchas horas de locución al día que cubrir para distintas emisoras. Tal vez puedas ofrecer una temática tratada de forma interesante.

$ *Consigue tarjetas de visita adecuadas.* Invierte en tu imagen corporativa. Dibuja y dibuja hasta que encuentres un logo que te convenza. Si eres incapaz de hacerlo tú mismo, cómpralo por Internet o habla con algún conocido para que te eche una mano. Luego incorpóralo en tu tarjeta de visita. Después de hablar con tus clientes el material corporativo va a dejar un rastro que hablará de ti, de quién eres, de lo que haces y de cómo contactarte. Que diga lo más adecuado.

> Debo confesar que cada vez que he diseñado tarjetas de visita he pecado de lo mismo: muy bonitas, muy bien hechas, demasiadas. Las circunstancias pueden cambiar muy rápidamente: nuevos teléfonos móviles, nuevas direcciones, nuevos e-mails. No hagas una inversión excesiva en algo que puede caducar rápidamente.

$ *Solicita referencias a tus clientes.* Ellos pueden ser tus mejores vendedores. Habla con ellos del tema. Asegúrate de reunirte con tus evangelistas, los que te recomiendan de forma espontánea y confían totalmente en tus soluciones. Hazles saber que quieres que te den referencias, pero no a cualquier precio. Deseas que elijan de entre sus conocidos aquellos que consideren que pueden beneficiarse más de tus servicios. Si se muestran reacios, no los presiones. Entre vosotros dos quizá hay un lazo muy especial, pero eso no significa que lo vaya a haber entre vuestros conocidos. Al menos no necesariamente. Si ves que están predispuestos a pasarte referencias, diles que te pondrás en contacto con las personas que te refiera de su parte y que lo que deseas es que antes les hagan saber que recibirán tu llamada.

$ *Pide testimonios a tus clientes para publicarlos en tu página web.* Asegúrate de que tus clientes más fieles testifiquen en la red. Haz un sondeo y si no muestran ningún recelo pídeles que escriban cuatro líneas sobre cómo los has ayudado.

$ *Escribe notas de prensa y mantén buenas relaciones con los periodistas.* Si haces algo innovador o atrevido, que pueda tener interés para el público en general, ponte en contacto con los periódicos de tu área y házselo saber.

$ *Asiste a talleres a los que puedan ir tus clientes potenciales.* Aprovecha tu participación como alumno para hacer aportaciones que enriquezcan al grupo. Muestra tu apoyo y vela para ofrecer una imagen de absoluta competencia y profesionalidad.

> Aunque no tengas una empresa, sino un puesto de trabajo autónomo, es muy importante que desarrolles un plan de empresa. La idea es que tengas un documento base en el que especifiques qué necesidades cubres con tu oferta, quién tiene dichas necesidades, cómo vas a comunicarte con él, a qué precios ofrecerás tus servicios y de qué formas los elaborarás. Finalmente tienes que incluir una cuenta de explotación con la previsión de venta de los próximos 12-24 meses y los consiguientes gastos, y en dicho documento debería quedar claro que lo que haces es viable.

$ *Intercambia referencias con otros profesionales*. Piensa qué otros sectores son complementarios del tuyo y por ende agradecerían que les pasases referencias de tus clientes. Hazlo y luego pide que ellos hagan lo mismo. Elige solamente los mejores. Recuerda que para recibir primero hay que estar dispuesto a dar.

$ *Apúntate a la cámara de comercio de tu localidad*. Ellos pueden facilitarte contactos, relaciones, cursos de formación, especialistas. Quizá puedan analizar tu plan de empresa y apoyarte. Si no tienes plan de empresa, ya estás tardando.

$ Crea una firma electrónica y utilízala en todos tus e-mails. No desperdicies ninguna ocasión de impactar a tus potenciales clientes de forma profesional. Los correos electrónicos que escribas seguramente permitirán adjuntar una pequeña firma a modo de frase ingeniosa, de eslogan o de aforismo con el que te identifiques. Asegúrate de que incorporas todos tus datos de contacto.

Otra estrategia que puedes utilizar para aumentar tus ingresos es *aumentar el margen* que tienes de beneficio en cada venta que haces. Para ello tienes que abaratar costes, de manera que, vendiendo al mismo nivel que ahora, generes más ganancias. Pregúntate qué elementos de tu cadena de producción son susceptibles de abaratarse. Estudia la posibilidad de que tus proveedores te hagan descuentos al por mayor y en ese caso organiza pedidos más grandes. Haz compras conjuntas con alguien que necesite los mismos materiales que tú pero que no sea de tu competencia. Aumenta el plazo en el que pagas a tus proveedores. Pregúntales directamente qué tendrías que hacer para conseguir unos precios más competitivos y, si está en tu mano, hazlo.

Aunque aumentes el número de personas que contratan tus servicios y mejores tus márgenes, la forma más rápida de incrementar tu facturación consiste en *aumentar lo que facturas a los clientes que ya tienes.* Ellos te conocen y te has ganado su confianza. Con ellos ya has recorrido medio camino, así que saca partido a tus activos. Te han dado la oportunidad de que les muestres lo bueno que eres y cómo puedes ayudarlos, lo has hecho y han quedado satisfechos. Si tienes clientes insatisfechos, ya sabes que te estás permitiendo un lujo que no está a tu alcance. Queda con ellos y gestiona su percepción. Averigua qué puedes hacer para restituir su confianza. Un cliente satisfecho vale su peso en oro, así que céntrate en tenerlos y en mantenerlos. Una vez que hayas establecido ese tipo especial de relación, aprovecha para aumentar tus pedidos. Así que mantente en contacto con tu clientela y ofréceles otros servicios, otras gamas de productos, complementa tu oferta, lanza una versión actualizada de lo que haces... Céntrate en aumentar el valor que les aportas. Piensa qué otros problemas tienen tus actuales clientes, que no están solucionando con tus productos, y busca formas de cubrir esas áreas.

Si eres un profesional liberal y estás al mando de tu pequeño negocio, a continuación encontrarás algunas sugerencias que puedes poner en marcha para mejorar tus resultados:

$ Cuando trabajes con tus clientes, construye una relación con ellos e implícalos en la elaboración de las soluciones que necesitan para su negocio. Para ello escúchales y no te limites a ofrecer soluciones enlatadas. Personaliza tu aproximación y haz que se sientan comprendidos y tratados con deferencia. Ponte a su lado y trabajad los dos, mano a mano, en su situación.

$ Aprende a pensar en el valor que aportas, no en las horas que facturas. Tus tarifas tienen que superar el estado infantil de «tantas horas, tanto dinero». No te bases tampoco en las tareas que desarrollas. Céntrate en el valor para el cliente fruto de la relación profesional que establece contigo. Nada de: «Pintar las tres habitaciones y repasar los pasillos, tanto dinero». Una tarifa basada en las tareas te permite cobrar menos. Deberás desarrollar el valor de manera que esté claro qué añades a la situación del cliente más allá de la ejecución de tu trabajo base.

$ Asegúrate de descubrir qué es lo que el cliente necesita. Habla con él, pregúntale por sus problemas, deja que te los exponga, profundiza en ellos, escucha sus quejas. No te limites a cumplir con lo que te pida. Dialoga y establece una relación de confianza basada en tu credibilidad y luego ofrece solución a todos sus problemas, no solamente al que él te señala en primer lugar. Quieres que él te vea como una persona que añade valor a su propia situación, no como un mero proveedor que se limita a dar lo que le piden y que es fácilmente reemplazable por otro más barato.

$ Tampoco quieres que te vea como alguien que le va a colocar una solución estándar. Tú no colocas tus productos o tus servicios, tú provees a tus clientes de soluciones a sus problemas cuando las necesitan. Así que diagnosticad los dos juntos cuál es en realidad la situación a la que se enfrenta, qué dificultades está teniendo el cliente y cuáles son las mejores opciones. Luego pensad en los medios que podéis utilizar para ello. Tu solución idealmente debería aparecer como uno de esos medios. Si lo que tú ofreces no es lo que el cliente necesita, apóyalo para que consiga lo que le hace falta. Juega limpio siempre y asegúrate de construir una relación de confianza.

$ No vayas ofreciendo descuentos a tus clientes solamente porque te pongas nervioso y temas perder la cuenta. Al contrario, ten claro tu valor y no te vendas barato. Deja que sean ellos los que te pidan descuentos. Cuando el cliente te regatea y te ves obligado a reducir el precio al que le habías ofrecido tus servicios, asegúrate de reducir antes el valor. No puedes dar la sensación de que bajas tus tarifas bajo presión, porque en ese caso te vas a encontrar con que el cliente te presionará cada vez que tenga ocasión. En cambio, ofrece una reducción en el valor añadido. Por ejemplo, si te habías comprometido a tenerlo listo en dos días, añade un día más si te hace bajar el precio, o si el cliente pedía que el trabajo lo hicieras tú personalmente; con el descuento asegúrate de que entienda que lo hará otra persona de tu equipo y no tú. «Es una persona de confianza y está igual de preparado que yo para desempeñar la tarea, pero con este margen que me dejas no puedo implicarme hasta este nivel».

$ Tus clientes deberían conocer la totalidad de los servicios o productos que ofreces. ¿Cómo van a contratarte algo que ignoran que puedes hacer? Si ignora el abanico de posibilidades de tu oferta, se va a limitar a pedirte lo que te ha venido pidiendo hasta ahora. Por esto es tan importante que trabajes en el desarrollo de la relación y no solamente en servirle.

$ En algunos casos no vas a poder hacer lo que el cliente necesite porqué no está dentro de tu oferta de servicios. Cuando esto suceda, en lugar de renunciar a hacer el trabajo, subcontrata a un especialista la parte correspondiente. Tú asumirás la responsabilidad del trabajo pero a cambio facturarás tú. Evidentemente procura seleccionar a un buen profesional, puesto que está en juego tu nombre. No vale eso de decir: «Es culpa del técnico que no hizo las cosas como debía». Es tu responsabilidad. Punto. Si no puedes garantizar el resultado, desestima el trabajo.

$ Los clientes asocian un valor elevado a una tarifa elevada y un escaso valor, a una tarifa baja. Estudia la conveniencia de posicionarte en la parte alta de la tabla de tarifas y añade valor a tu oferta. Unas horas extras o unos detalles finales pueden suponer una retribución no proporcional a tu esfuerzo. Además a la larga ganarás más, te sentirás mejor y necesitarás menos clientes para conseguir tus resultados económicos, con lo que podrás entretenerte más con cada cuenta y lograr que estén más satisfechos.

Si tienes un negocio, analiza su viabilidad

Considero que eres propietario de un negocio si puedes ausentarte del mismo durante un año y a la vuelta esperar que esté mejor de lo que estaba cuando lo dejaste. Si tu negocio necesita tu presencia y participación activa para funcionar, eres propietario de un puesto de trabajo, no de un negocio. Si eres propietario de un puesto de trabajo, relee el apartado anterior del marketing de servicios profesionales y aplícalo.

En el caso de que realmente tengas un sistema que trabaje para ti y no te esté dando los resultados que esperabas, de manera que tus ingresos son cada vez menores, o los gastos cada vez más grandes, y vas con el agua al cuello, pueden pasar dos cosas: el negocio funcionaba en el pasado y ahora ya no funciona, o el negocio es muy joven y estás en fase inicial.

Analicemos primero aquellos casos en los que un negocio ha dejado de funcionar. En ese sentido lo primero que te interesa averiguar es si se trata de un declive coyuntural o de un cambio de tendencia en el sector. Si la economía da muestras de recesión puede que tu negocio quede directamente afectado por este hecho, pero una vez restituida la economía los resultados de tu negocio también van a recuperarse. La cuestión clave en este supuesto es si vas a poder aguantar mientras se restituye la economía.

> Un economista es un experto que sabrá mañana por qué las predicciones que hizo ayer no sucedieron hoy.

Otro caso muy diferente es que estés montando un caballo cojo. Si el sector en el que se mueve tu negocio va a la baja, deberás pensar muy seriamente si te conviene seguir en él.

Hace poco trabajé con una familia de feriantes. Durante dos generaciones habían estado de pueblo en pueblo con su espectáculo de coches de choque, y con seis meses de esfuerzo ganaban lo suficiente como para pasar todo un año entero y permitirse un nivel de vida bastante aceptable. Pero los hábitos del consumidor han cambiado, los jóvenes tienen otras formas de disfrutar del ocio, hay más oferta disponible y las ventas del sector van a menos. El rendimiento medio del sector ha pasado de un 150 por ciento hace veinte años a un 40 por ciento en la actualidad, y la estimación es que el sector ferias no dé más de un 20 por ciento dentro de diez años.

¿Qué harías si estuvieras en un sector que va a ir a menos con cada año que pase? Recuerdo la historia de la compañía Pony Express, que en 1860 distribuía el correo a caballo desde Missouri, en el centro de Estados Unidos, hasta California, en la costa Oeste. Su objetivo era ir lo más rápidamente posible de un punto al otro. Llevaban el correo en unas sacas ajustadas al caballo e intentaban reducir el tiempo todo lo que podían utilizando su ingenio. Primero seleccionaron caballos rápidos y veloces, capaces de correr largas distancias a gran velocidad. Con eso ganaron cierto tiempo. Luego se centraron en escoger jinetes ligeros; cuanto menos peso tuvieran, mejor, pues de esa manera el caballo podría correr más rápido. Luego pusieron estaciones intermedias con caballos de repuesto listos para salir. Cuando llegaba el jinete, pasaban la saca de correo al caballo fresco, que tomaba el relevo a la carrera. Luego redujeron

la distancia entre estaciones para que los caballos pudieran ir al galope casi toda la distancia, y estaban ocupados en estas tareas mientras otras personas estaban inventando el telégrafo.

¿Qué sentido tiene seguir invirtiendo en algo que está condenado a desaparecer? Para mí ninguno. Puede que durante una temporada sea necesario que sigas en el negocio en el que estás, pero recuerda que siempre es preferible cavar un pozo antes de tener sed.

Otro caso bastante distinto es el del negocio que está arrancando y que no va bien. Ahí sí que quizá te haga falta algo más que una reflexión. Puede ser que estés en un modelo de negocio erróneo. Recuerda que el 95 por ciento de los negocios cerrará en los primeros cinco años y el 90 por ciento de los que aguanten durante ese tiempo cerrará en los próximos cinco. Las cifras están en contra del empresario y, a pesar de ello, considero una muy buena apuesta tener un negocio.

No sé si puedes salvar tu negocio, pero quiero hacerte reflexionar sobre la necesidad de ser muy sincero contigo mismo. Si tu barco se hunde, empieza a buscar una solución antes de que sea demasiado tarde.

Mejora tus relaciones

Para terminar este apartado quiero hacerte pensar en lo importante que puede ser aprovechar el hecho de que formas parte de una aldea global. Eres un animal social y necesitas de los demás para sobrevivir y desarrollarte como ser humano. Si además tienes la pretensión de ganar más dinero que en la actualidad, tener una red de contactos y relaciones te va a ser muy útil. Cuida a tus conocidos: ellos pueden abrirte la puerta que te hace falta. Trabaja en red y facilita recursos a las personas de tu alrededor. Luego tal vez ellas quieran hacer lo mismo por ti. No pidas nada a cambio, solamente apoya a los demás siempre que te sea posible.

Te recomiendo que leas sobre *networking* y que lo practiques activamente. Planifica un espacio para dar a conocer tus talentos y piensa primero en ayudar a los demás. Primero das, luego recibes.

Mi *coach* Sidney Worth me dijo algo que quiero compartir contigo. Estábamos en New Jersey y llevábamos una semana de trabajo duro. Él se desplazaba por las mañana desde su mansión hasta el hotel en el que yo estaba alojado y dedicaba seis o siete horas seguidas a apoyarme en mi proceso de aprendizaje. Sidney es una persona rica y no necesitaba para nada estar conmigo, ni implicarse como lo hacía, ni apoyarme, ni tan siquiera responder a mis llamadas. Pero lo importante no es la cantidad de dinero que gana, sino el hecho de que no necesita trabajar para seguir manteniendo su estilo de vida. Ha logrado que el dinero fluya a su vida como el agua de una catarata. ¿Por qué querría dedicar su tiempo a mi proceso de cambio? Se lo pregunté y me dijo: «Creo un desequilibrio. No puedes pagar lo que estoy haciendo por ti. No puedes devolverme mi tiempo. Pero yo lo sigo haciendo igualmente. De esta manera inclino la balanza a mi favor. Sé que con el paso del tiempo tú restituirás lo que yo estoy dando y el equilibrio volverá. La naturaleza odia el desequilibrio y tiende a reequilibrarse». Tomé buena nota. Ahora siempre que está en mi mano doy lo que tengo y más. Me inspira su generosidad.

Espero que aplicando algunas de esas pautas generes más ingresos. Si has identificado dónde estás exactamente, has minimizado tus gastos y has potenciado tus ingresos; puedes comenzar a ocuparte de tus deudas. Se trata de que las elimines lo antes posible. Cuando lo logres, podrás jugar en la liga profesional y hacer que el dinero trabaje para ti. Eso es imposible si tú estás trabajando para las personas que te prestaron dinero.

6
Elimina la deuda

Si estás en un agujero, deja de cavar

Una de las emboscadas en las que caen muchas personas con economías maltrechas es el endeudamiento. No pueden hacer frente a los pagos que tienen, así que piden dinero para pagar lo que no se pueden permitir. Algunas veces esto les sale bien y consiguen restituir su fuente de ingresos y con ello eliminar el problema. Pero otras veces, para tapar el agujero que tienen, piden más y más dinero, y lo siguen haciendo hasta que llega un punto en el que nadie les da más. Primero suelen acudir a las entidades de crédito habituales. Tienen las cuotas de la hipoteca en un banco y se quedan sin poder pagar, así que contratan una tarjeta de crédito en otra entidad y con ella pagan las cuotas que deben. Luego tienen que cubrir el crédito que han pedido en esta entidad y al no poder hacerlo piden otra tarjeta a otra entidad. Con un poco de mala suerte se la dan y se entrampan un poco más. Finalmente agotan el crédito que les conceden las entidades más habituales y, en su desesperación, acuden a otras formas menos regladas de financiación. Llaman a la puerta de empresas de agrupación de deuda o de refinanciación de créditos, hipnotizados por sus cánticos celestiales. ¡Vamos a reducir nuestras cuotas a la mitad! ¿Cómo hemos podido estar tan ciegos hasta este momento? ¡Teníamos que haberlo hecho hace tiempo! Claro, dinero gratis, piensan, y olvidan que las cosas no funcionan así en el mundo de las finanzas. Nadie da nada por nada. Así que acaban con más deuda, sólo que esta vez el interés que van a pagar será terrorífico. Una vez agotada esta vía, aún les quedan la familia y los amigos. Acuden a ellos y los convencen y así dan otra vuelta más a la soga con la que se ahogan. Finalmente comienzan a recibir cartas de impago, llamadas... y los embargan la nómina y los bienes.

Y todo comenzó de una forma inocente: pido un crédito.

Por si esto fuese poco, estas personas pueden ser víctimas del efecto rebote, muy parecido al que sufren muchas personas que están haciendo dieta para bajar de peso. Llevan diez años comiendo mal y han ganado quince kilos en el proceso. Desde hace dos meses están en manos de un nutricionista que los ha puesto a régimen. Pero tanta hambre, tantas privaciones... y tampoco han conseguido estar en el peso que desean. Así que llega un día en el que se saltan la dieta, luego a ese día lo sigue otro más y antes de que se den cuenta están comiendo peor que al principio. Al haber mantenido al cuerpo a raya ahora se permiten lo que no se han permitido nunca y al poco tiempo pesan veinte kilos más de los que quieren... Cuando las personas endeudadas comienzan a ver que tienen que hacer frente a más pagos de los esperados y que les falta dinero para cubrir sus deudas, empiezan a cortar sus gastos. En principio es una buena idea, pero sin un plan que incluya la foto final del proceso difícilmente llegarán lejos. Esto es así porque el proceso de eliminación de deudas es largo y duro, y las personas llevan muy mal lo de hacer sacrificios, así que, si cortan sus gastos sin más, puede pasar que, en cierto momento, piensen que con tantas privaciones tampoco están solucionando su situación. Que se sacrifican en vano. ¿Para qué seguir con esto si de todas formas no arreglamos nada? Estoy trabajando más duro que nunca, durante más horas que en toda mi vida, he dejado de tomar cañas con los amigos, de cenar con mi pareja, de ir al cine con mis hijos, he dejado de ir al gimnasio y como lentejas todos los días. ¿Vale la pena seguir así?

Ante esta situación es fácil abandonar, con el agravante de que ahora lo que se va a hacer es empeorar aún más el problema. ¿Has dejado de salir con los amigos? Aprovecha y pégate una buena juerga. ¿Que con tu pareja no has ido a cenar desde hace meses? Id a un buen restaurante el viernes y a otro el domingo. ¿No has llevado a los hijos al cine? Llévatelos a un parque de atracciones. Éste es el efecto rebote.

Por este motivo quiero que te comprometas con tu absoluta resolución de seguir hasta al final, y que no comiences siquiera si te falla el compromiso. No tiene sentido que acabes peor, así que convéncete plenamente de lo que hay que andar, y luego, cuando veas que harás lo que haga falta, desenvaina la espada.

¿Cuánto te costará eliminar tu deuda? Depende. No puedo darte una respuesta exacta sin conocer tu situación y tu compromiso, pero aproximadamente te va a llevar la misma cantidad de tiempo que empleaste en entramparte con tus créditos. Si has estado cuatro años haciendo el agujero más y más profundo, piensa que te va a llevar otros cuatro salir de él. Pero al menos podrás emerger y recuperar el control de tu vida. Es mucho más fácil caerte a un pozo que salir.

A veces me preguntan qué pienso de las empresas que ofrecen reunificar deudas. ¿Crees en los gnomos? Si crees en los gnomos, ¿por qué no te pones en contacto con ellos y les pides que te saquen de donde estás? ¿Eres mayor de edad y piensas que te van a dar algo gratis?

Un cliente con la casa embargada gastaba cada mes setenta euros en lotería. «Oh, mi deseo es salir de esta situación con un golpe de suerte». Mientras tanto dilapidaba sus ingresos en ropa ostentosa que le hiciese parecer un campeón y apostando con todas las probabilidades en contra. Pero era un perdedor. Huía de la situación y no afrontaba el problema. Quizá puedas huir de alguien alguna vez, pero no puedes huir de todo todas las veces. Al final el resultado de tus decisiones va a pasarte factura. No hay fórmulas mágicas. Está el sistema que voy a compartir contigo al final de este capítulo, pero, si las soluciones milagrosas no han aparecido ya, tal vez sea hora de levantarse y hacer lo que debes.

Lo que te cuesta verdaderamente un préstamo

¿Sabes lo que pagas cuando pides un préstamo? Tal vez tengas clara la cantidad que has pedido, pero ¿estás al corriente de lo que vas a pagar en total? Me hace gracia cuando alguien dice que vivir de alquiler es tirar el dinero. Claro, es tirar el dinero; en cambio financiar el cien por cien de una vivienda no lo es, ¿verdad? La gente dice cosas como: compré mi casa por 250.000 euros. ¿Perdona? Tu casa te ha costado mucho más que eso. Luego hacen las cuentas y se caen de espaldas. Pero, mientras no sepan lo que van a pagar en total, pueden seguir apartando la vista del problema.

El problema de los préstamos es que vienen con regalo y al final tienes que pagar más de lo que has pedido prestado. Este regalo es el interés. Muchas personas con las que he trabajado ignoraban verdaderamente lo que estaban pagando de interés y, en el caso de saber el tipo de interés de su deuda, no comprendían cómo esto les afectaba realmente.

Te pongo un ejemplo. Imagina que has pedido 10.000 euros y que el tipo de interés que consigues es de un 7 por ciento anual. El plazo que tienes contratado para devolverlo son doce meses. Así que cuando ese tiempo haya finalizado tendrás que haber pagado 10.000 euros, que es la cantidad que te dejaron, más 700 euros en concepto de intereses.

Ahora imagina que te dejan esa cantidad por dos años al mismo tipo de interés con la condición de que al finalizar ese tiempo pagues lo que debes. En ese caso devolverás los 10.000 euros que te han dejado más 1.400 euros en intereses.

¿Qué pagarías si te los dejaran durante diez años? Los 10.000 euros iniciales más 700 euros cada año, lo que en diez años suman un total de

7.000 euros. Es decir, pagarías 17.000 euros en total. Y eso teniendo en cuenta que el dinero prestado no devengase intereses adicionales y las condiciones fuesen óptimas. Piensa que estoy simplificando con ánimo pedagógico.

Pero imagina que tienes un préstamo a un 18 por ciento de interés por una cantidad de 10.000 euros Si lo cancelas en un año, pagarás 10.000 iniciales que adeudabas más 1.800 euros en concepto de intereses. Si tienes un plazo de dos años, pagarás 10.000, más 3.600 euros en intereses. Si lo pagas al cabo de diez años, vas a devolver 28.000 euros, es decir, casi tres veces lo que pediste inicialmente, de los cuales 18.000 van a ser intereses. Relee esto de nuevo. Vas a pagar casi el doble de la cantidad que pediste inicialmente, en concepto de intereses. Toda una barbaridad.

Pero hay quien tiene deudas a un interés del 21 por ciento o más. En nuestro ejemplo una persona con este tipo de deuda estará pagando, si la cancela en un año, 10.000 euros en concepto del préstamo inicial y otros 2.100 como intereses. Y en cinco años 10.000 euros más 10.500 euros en concepto de intereses. Es decir, pagará el doble de lo que ha pedido solamente al cabo de cinco años.

Pero hay un problema mayor: las entidades de crédito están muy contentas mientras trabajas para ellas y, en lugar de hacer que canceles tu deuda al finalizar el plazo, van a proponerte un trato mucho más provechoso (para ellas): paga cada año una parte de lo que debes y así al final no tendrás que hacer un desembolso tan elevado. Tiene su lógica, ¿verdad? Incluso parece que te estén haciendo un favor. Pero no es así. Lo que va a pasar es que van a cobrarte cada año una parte muy pequeña sobre el dinero que te prestaron (en nuestro ejemplo sobre los 10.000 euros) y otra parte más grande sobre los intereses que has devengado. De esta manera te queda una parte importante para devolver que seguirá trabajando a favor de la entidad y generando intereses para su beneficio.

Sabiendo que la deuda lleva este regalo añadido, ¿qué podemos hacer para prevenirnos? De entrada, conocer nuestra situación actual y cuánto debemos exactamente. Luego eliminar la deuda lo antes posible para que los intereses no se nos coman. Le decía a un cliente hace poco: el problema no es solamente que tengas el sueldo embargado, también es que al no pagar la deuda ésta va creciendo y haciéndose cada vez mayor, con lo que cada día que pase te va a resultar más difícil pagarla. Comenzaste enfrentándote a una lagartija y ahora te está buscando un Tiranosaurus Rex.

¿Tienes alguna posibilidad de solucionar esta situación? Sí, siempre y cuando seas capaz de reducir de forma drástica tus gastos e incrementar tus ingresos. Has de llegar al punto en el que puedas cubrir la cuota mínima de cada préstamo que tienes y, durante ese tiempo, dejar de cavar. No hagas más hondo el agujero en el que estás. Entiende que tú te has metido ahí y que tú vas a tener que salir. Los dos capítulos anteriores están pensados para que logres esto. Reduce todo lo reducible, deja a un lado tus pretensiones de riqueza y la búsqueda de la aceptación, y céntrate en gastar lo mínimo. Y lo mínimo lo decides tú. Yo no tengo forma de saber con qué puedes vivir. Luego, cuando estés suturando la herida, potencia tus ingresos y consigue más dinero por tu trabajo. Tampoco hay un límite preestablecido sobre cuánto puedes ganar. Depende del valor que añadas y de cómo lo des a conocer. Tienes que seguir haciendo esto hasta que consigas pagar las cantidades mínimas de todas tus deudas. Luego podrás ahorrar para acelerar el proceso de cancelación de préstamos. Sí, has leído bien: he dicho ahorrar. Tal vez pienses que no se puede ahorrar cuando se está en esta situación tan crítica, pero tengo que decirte que sí vas a poder. Te diré cómo lo harás en el siguiente apartado.

Págate a ti mismo antes de pagar a los demás

Lo que suele ser habitual es que las personas que han llegado a una situación de descontrol financiero crean que no pueden ahorrar. Si no puedo pagar lo que debo, ¿cómo voy a pensar en ahorrar? El caso es que seguramente no vas a poder ahorrar si sigues pensando como ahora, pero quiero que veas mi punto de vista.

¿Qué haces cuando recibes el pago por tu trabajo? Es probable que hagas frente a los gastos que tienes en comida, transporte, alquiler y demás... y al final ¿qué te queda para ahorrar? Nada de nada.

Primero has pagado a todos los demás, ¿y luego con lo que queda vas a ahorrar? Pero si no quedará nada. Si te lo vas a pulir todo. Dos cafetitos, una caña, una cena en un restaurante de comida rápida, una revista de moda, un helado para el niño, y zasss... nada para ahorrar.

En estas condiciones es casi imposible lograrlo, pero es que no vas a hacerlo así. Lo harás al revés. Primero te pagarás a ti mismo, y luego pagarás a los demás. Vas a retirar como mínimo el 10 por ciento de todo lo que ingresas y vas a ponerlo aparte. Lo vas a separar en una cuenta especial o en un lugar reservado. Ese dinero es para ponerlo a trabajar para ti. No se toca. No se gasta. Prohibido. ¿Que tienes una paga extra en Navidades de 800 euros con la que no contabas? 80 euros al saco. Si ganas 1.000 euros, vas a apartar todos los meses 100 euros nada más empezar y, si entre tú y tu pareja ganáis 2.300 euros, guardaréis 230 euros. Luego, con el dinero que quede pagarás lo que debes: a los bancos, al casero, al frutero, al zapatero... ¿Que te queda algo y crees que tienes que darte un lujo? Te compras un bollo. ¿Que no llegas al bollo? Una galleta o una manzana harán la misma función. El caso es no tocar el dinero que has apartado al principio. Ese diezmo te sacará de apuros.

Imagina que tu jefe te reduce el sueldo en un 10 por ciento, la competencia está apretando mucho y esta reducción es la única forma de poder sobrevivir de momento. ¿Te vas a poner a llorar? Claro que no, seguramente puedes vivir sin ese 10 por ciento. Pero, si no lo apartas y no tienes un plan muy claro para él, ese dinero terminará en las manos de otras personas y tú seguirás en la misma situación en la que estás.

Para salir de donde te has metido necesitas dinero trabajando para ti. ¿De dónde lo vas a sacar si eres incapaz de ahorrar? Si te lo gastas todo, vas a seguir llevando la vida que has vivido hasta ahora, pero no conseguirás generar riqueza ni estabilizar tus finanzas. El otro día estaba comiendo con unos amigos. Había en la mesa una chica conocida por el resto del grupo como una malgastadora. «Tendrías que hablar con ella», me dijeron, «es un caso que necesita ayuda urgente». Ella me contó que realmente era una malgastadora, que se le iba la mano a la tarjeta de crédito y compraba todo lo que podía y más. Antes de llegar a final de mes estaba en números rojos. Me hizo pensar en su futuro y en el de las personas que la quieren. No dije nada y me limité a escuchar. He aprendido a no hablar innecesariamente y muchas personas no están preparadas para escuchar lo que tienen que hacer para cambiar su vida. Es como si confiasen tan poco en sus posibilidades que ya no creen que haya solución posible. Estoy condenada a seguir siendo así. Esta persona en concreto se gana bien la vida, tiene un buen sueldo en un trabajo interesante, pero cree que consigue el aprecio de los demás con la ostentación y la fachada, así que va a la última moda y compra todas las joyas, los perfumes y los trapitos que le ponen a la vista. Podría cambiar su vida y ser verdaderamente rica, de manera que al final pudiera permitirse ser lo que ahora se tiene que limitar a aparentar. Pero no está dispuesta a hacer lo necesario, así que se va a pasar los próximos años intentando contarse una mentira y limitándose a soñar.

«La mayor parte de los hombres prefieren parecer que ser».
Esquilo de Eleusis.

Para poder mejorar tu situación financiera tienes que adquirir el hábito de ahorrar y, para ahorrar, pagarte a ti antes que a los demás es el mejor método que conozco. Adquiere este hábito independientemente de cuál sea tu situación. Una vez que hayas eliminado tus deudas, este concepto te servirá para conseguir dinero que podrás poner a trabajar para ti.

Plan acelerado de cancelación de deuda

Te voy a llevar de la mano por una metodología que tiene el potencial de reducir el tiempo que vas a estar pagando tus deudas. Es una forma de acortar ese camino de sufrimiento. No es fácil pero es relativamente sencillo.

Lo primero que quieres hacer es saber dónde estás exactamente. Tienes que conocer cuánto debes y a quién se lo debes. ¿Sabes en este momento cuál es el total que adeudas? ¿Y el coste que tiene esa deuda para ti? ¿Sabes cuál es el tipo de interés al que estás endeudado? ¿Y las cuotas mínimas que tienes que pagar?

En muchos casos las personas ignoran lo que deben. Es la estrategia del niño pequeño que se cubre los ojos con las manos cuando lo asustan y, al hacer desaparecer de su vista el peligro, cree que el peligro ha desaparecido. El peligro sigue ahí fuera, por más que quieras ignorarlo, y no afrontarlo no va a hacerlo desaparecer. Al contrario, cuando ignoras lo que debes, estás asumiendo un riesgo innecesario.

Hace poco me encontraba en casa de unos clientes que estaban en una situación de endeudamiento galopante y que tenían una estrategia muy peculiar: cada vez que recibían una carta del banco la guardaban dentro de un cajón del comedor sin abrirla. ¿Para qué? Decían. Si son malas noticias y ya sabemos que no podemos pagar. Al final resultó que los intereses que estaban pagando habían aumentado una barbaridad y debían mucho más de lo que pensaban. Es necesario conocer al enemigo para poder derrotarlo.

Necesitas claridad sobre cuál es el problema que afrontas para tener posibilidades de solucionarlo. No basta con tener una idea aproximada. Es necesario saber qué, a quién, a qué tipo de interés, con qué cuota mínima...

Realmente es muy sencillo de hacer: coge una hoja de papel y haz cuatro columnas. En la primera anota los nombres de todas las entidades o personas a quienes debes dinero. En la segunda columna escribe la cantidad exacta que debes a cada acreedor. En la tercera columna relaciona el tipo de interés que estás pagando por cada crédito que tienes, y finalmente en la última columna anota la cuota mínima que tienes que pagar cada mes para cada uno de ellos.

Haz este ejercicio ahora. No te limites a ser un coleccionista de conocimiento. Lo que sabes no cambia tu vida, lo que haces, sí. Tienes que emprender la acción: no basta con que leas un libro ni cien. Quiero que sepas que a mí me ha apasionado la lectura desde muy joven y he leído cuanto he tenido a mi alcance. Mi padre despertó en mí el deseo de saber y me convertí un devorador de libros. Pero pronto me di cuenta de que la diferencia no estaba en lo que sabía, sino en lo que hacía. Que leer un libro tras otro, sin llevarlos a la práctica, era una distracción. Sí, me entretenía, aprendía cosas y podía aparentar ser muy listo, pero en realidad lo que cuenta está en la aplicación práctica de lo que uno sabe. El problema era que estaba tan absorto por lo que leía que cuando el autor proponía un ejercicio yo pensaba en posponerlo, primero iba a terminar de leer y luego ya lo haría. Y mi intención, verdaderamente, era hacerlo más adelante, pero en realidad ese otro momento rara vez llegaba. Siempre aparecía otro libro en mi camino que llamaba mi atención y sucumbía a su lectura. Estaba atrapado en una carrera por leer libros como si eso bastara para cambiar mi vida, y no era así. Cierto día caí en la cuenta: si has leído tantos libros, Vicens, ¿por qué tus resultados no son como los de los autores de lo que lees?... Lo vi claro, ellos aplicaban lo que yo solamente abrazaba de modo intelectual. Al darme cuenta cambié por completo. Aplicar y centrarme en la acción es lo que ha marcado una diferencia en mi vida. Así que hazte el favor de coger una hoja y listar tus deudas.

Cuando tengas anotado aquello que debes, deseo que veas la situación con otros ojos; al fin y al cabo, lo que debes vas a tener que pagarlo. Quiero que seas plenamente consciente de lo que eso significa. Tienes que hacer frente al problema y cortar de raíz la trampa de hacer más profundo el hoyo en el que te has metido. Corta la deuda ya y no sigas cavando. Eso es una locura.

Supongamos que tienes los siguientes préstamos:

$ En una tarjeta de crédito debes 3.000 euros y debes pagar 90 cada mes.

$ Debes 2.500 euros de un préstamo que pediste para un máster, cuyas cuotas son de 100 euros al mes.

$ Hiciste reformas en casa y pediste financiación a un banco. Te quedan por pagar 12.000 euros a 250 euros al mes.

$ Del coche aún debes 7.000 euros a la financiera, y pagas 90 cada mes.

$ Tienes una tarjeta que utilizaste para pagar algunas cuotas de la casa y ahí debes 4.000 euros; al mes tienes una cuota de 80 euros.

$ Finalmente debes 1.000 euros más a otro banco que utilizaste para ir de vacaciones. Tienes que pagar 40 euros al mes.

Dibujas las cuatro columnas, averiguas el tipo de interés que pagas en cada préstamo y la cosa queda así:

Acreedor	Cantidad adeudada	Tipo de interés	Cuota mensual
Tarjeta crédito Banco A	3.000	7 por ciento	90
Préstamo Banco B estudios	2.500	9 por ciento	100
Préstamo Banco C reformas	12.000	8 por ciento	250
Préstamo coche Banco D	7.000	14 por ciento	90
Tarjeta crédito Banco E	4.000	21 por ciento	80
Préstamo vacaciones Banco F	1.000	13 por ciento	40

Seguramente en la lista que has elaborado has ido apuntando tus deudas desordenadamente, a medida que pasaban por tu cabeza (si no la has elaborado aún, no tienes credibilidad a mis ojos, así que ahórrate venir llorando pidiendo ayuda). Ahora vas a listarlas en el orden apropiado. ¿Qué acreedor pondrás arriba de todo? La mayoría de las personas en este punto suelen pensar que el primero en la lista debería ser el crédito mayor. En nuestro ejemplo correspondería a los 12.000 euros de las reformas. Pero esto es un error. No vas a listar tus deudas en función de la cantidad que debes, sino del tipo de interés que te están cobrando. Primero pondrás la que te cobra un 21 por ciento, a continuación la que te cobra un 14 por ciento, luego un 13 por ciento, etcétera:

Acreedor	Cantidad adeudada	Tipo de interés	Cuota mensual
Tarjeta crédito Banco E	4.000	21 por ciento	80
Préstamo coche Banco D	7.000	14 por ciento	90
Préstamo vacaciones Banco F	1.000	13 por ciento	40
Préstamo Banco B estudios	2.500	9 por ciento	100
Préstamo Banco C reformas	12.000	8 por ciento	250
Tarjeta crédito Banco A	3.000	7 por ciento	90

Tienes que listar tus créditos en función del tipo de interés y no de la cantidad adeudada, porque el tipo de interés es lo que te ahoga y tienes que considerarlo el enemigo que has de batir. Te va a llevar cierto tiempo eliminar tu deuda, así que vas a comenzar por atacar aquella que tiene el mayor coste para ti. Si te centrases en eliminar otra con un tipo de interés más bajo, lo único que lograrías es ir generando más y más deuda. Tienes que frenar la velocidad con la que acumulas la deuda.

La columna de la derecha te indica la cantidad que tienes que pagar cada mes. Eso es precisamente lo que vas a hacer. Te asegurarás de pagar esa cantidad como mínimo. Si no lo haces, la entidad crediticia va a incrementar el tipo de interés que te cobra y con ello harás más hondo tu pozo. No dejes ninguna cuota sin pagar; si lo haces, vas a aparecer en el listado de morosos y tu historial se verá perjudicado. Si más adelante necesitas solicitar un préstamo, nadie te lo va a dar.

Aquí es donde entra en juego el ejercicio del 10 por ciento. Vas a necesitar dinero extra si quieres reducir el periodo de tiempo en el que vas a pagar tus deudas y librarte de ellas lo antes posible. Tienes que haber planificado con antelación el ahorro de ese dinero; sino, lo más probable es que llegues a final de mes y no te quede nada. Por este motivo te he indicado que te pagues a ti primero.

Una vez que hayas pagado la cuota mensual mínima de todas tus deudas, añade el 10 por ciento de tus ingresos a la cancelación del crédito que te cobra el tipo de interés más elevado. En el caso de que tengas más dinero en alguna cuenta, o en efectivo debajo de la cama, añádelo también a esta deuda. No repartas entre todas tus deudas el dinero que te pueda quedar después de pagar las cuotas mínimas. No tiene ninguna lógica financiera. Al contrario, ataca con toda tu capacidad de fuego a la deuda con el mayor tipo de interés.

En nuestro caso, imagina que estás ganando 1.400 euros al mes, que tu pareja gana 1.500 euros y que estáis juntos frente al problema. El total de vuestros ingresos son 2.900 euros, y el 10 por ciento son 290 euros, que habéis dejado a un lado nada más cobrar. Si no os pagáis a vosotros primero, cuando llegue la hora de eliminar la deuda difícilmente quedará algo con qué hacerlo. El crédito con el tipo de interés más elevado es el que corresponde a la tarjeta de crédito del Banco E. Pagas cuotas de 80 euros, el tipo de interés es del 21 por ciento y aún debéis 4.000 euros. Así que lo que harás será pagar las cuotas mínimas de todos tus créditos, que suman un total de 650 euros, y además añadirás 290 euros (el 10 por ciento de vuestros ingresos) para liquidar el crédito del Banco E.

Al mes siguiente las cosas quedan así:

Acreedor	Cantidad adeudada	Tipo de interés	Cuota mensual
Tarjeta crédito Banco E	3.630	21 por ciento	80
Préstamo coche Banco D	6.910	14 por ciento	90
Préstamo vacaciones Banco F	960	13 por ciento	40
Préstamo Banco B estudios	2.400	9 por ciento	100
Préstamo Banco C reformas	11.750	8 por ciento	250
Tarjeta crédito Banco A	2.910	7 por ciento	90

Al siguiente mes harás lo mismo: pagarás todas las cuotas mensuales y añadirás al préstamo de mayor interés (la tarjeta de crédito del Banco E) el 10 por ciento de vuestros ingresos. Seguirás haciendo esto hasta que hayas cancelado todo lo que adeudabas de ese crédito. Una vez que lo hayas logrado, habrás acabado con el mayor de tus enemigos, pero te quedarán otros. En nuestro ejemplo, cinco más. Identificarás el que ahora tiene mayor interés, que en este caso será el préstamo del coche del Banco D, por el que pagas un 14 por ciento, y le dedicarás el 10 por ciento de lo que ingresas, *más la mensualidad que pagabas del crédito que ya has cancelado* y que asciende a 80 euros. Es decir, pagarás los 90 correspondientes a la mensualidad, más el 10 por ciento de los ingresos, que son 290 euros, más la cuota del préstamo que has cancelado, que son 80 euros. Lo que hacen un total de 460 euros.

¿Coges la idea? Cuando hayas finalizado el pago de ese segundo préstamo, añadirás el total de lo que estabas pagando en ese momento al siguiente préstamo de mayor interés que tengas pendiente. De esta manera el proceso se irá acelerando y te librarás de tus deudas rápidamente.

Para acelerar aún más este proceso, tendría sentido sacar todo el dinero que tengas disponible en el banco y añadirlo a eliminar el crédito con el interés más elevado. Entiende que no tiene ninguna lógica que mantengas dinero en el banco que te generará un interés irrisorio mientras continúes con deudas que te están cobrando un 21 o un 14 por ciento de interés.

Lo mismo te digo sobre los fondos de inversión, letras del tesoro u otros modos financieros que no te estén generando un interés mayor que el que pagas por tu deuda. ¿Qué lógica tiene que mantengas dinero en un depósito que te rinde un 4 por ciento, cuando estás pagando más de un 4 por ciento de intereses por tu deuda? Piensa en liquidar todos los activos que no te generen un interés mayor que el que pagas por tus créditos.

Observa el siguiente ejemplo:

Debes 4.000 euros a un 21 por ciento de interés. Esto significa que al final del año vas a pagar en intereses 840 euros.

Imagina que, al mismo tiempo, tienes otros 4.000 euros en la cuenta de un banco electrónico que te da un 4 por ciento de interés. Al final del año esta cuenta te va a aportar un total de 160 euros.

Tu crédito te ha costado, sólo en intereses, 840 euros, y tu cuenta te ha dado 160. Acabas de perder 680 euros. ¿Qué lógica tiene eso? Recuerda: tapa el agujero del desagüe antes de abrir el grifo.

> Atención: no liquides tus activos si van a penalizarte por hacerlo, como en el caso de un plan de jubilación. No empeores la situación.

Podrías pensar que, si haces eso y destinas todo tu dinero a pagar tus créditos, te vas a quedar sin dinero. Claro... es lógico que lo pienses, pero es que sin dinero ya estabas antes, lo que pasa es que no te has dado cuenta. Si debes 29.500 euros y en tu cuenta tienes 4.000 euros, ¿cuánto dinero tienes? ¡Un total de menos 25.500!

Otra cosa que yo haría sería pedir más dinero prestado. No te escandalices y sigue mi digresión: tienes un crédito por el que pagas un 21 por ciento de interés... Si logras que te den un crédito a un interés menor (pongamos un 17 por ciento) y lo dedicas a cancelar el primer crédito, te estás ahorrando mucho dinero. Habrás reducido el tipo de interés de un 21 a un 17 por ciento. Hazlo tantas veces como puedas aunque probablemente te resulte difícil encontrar alguna entidad que te dé más crédito conociendo tu historial.

Quizá te sientas muy cómodo pagando lo mínimo en tus créditos. De todas formas, si te limitas a pagar lo mínimo, vas a terminar de pagar la deuda algún día. ¿Para qué preocuparse en liquidarla lo antes posible? Muy sencillo. Seguramente algún día habrás terminado si te limitas a cumplir con el mínimo, pero ¿qué día será ése? Te aseguro que está muy, muy lejos.

Quiero que tengas éxito. La vida está llena de posibilidades y puede ser maravillosa. Hay todo un mundo ahí fuera para que lo explores, pero es difícil andar con una mochilla de piedras a la espalda. Me decía una clienta a quien han embargado la casa: por las mañanas me levanto y es como si tuviera un peso que me hunde al andar.

No dejes que tu vida llegue a estos extremos; al contrario, haz lo necesario para salir de ahí. Recuerda que tienes que empezar por asumir la responsabilidad y dejar de llorar. Después tienes que tener claro dónde estás exactamente. Una vez que conozcas tu posición, por dolorosa que sea, tienes que afrontarla. Para ello comienza cortando tus gastos todo lo que puedas. Aumenta tus ingresos constantemente y disponte a ahorrar. Págate a ti primero y luego paga a los demás. Céntrate en eliminar la deuda por la que pagas el interés más alto y luego sigue tu lucha hasta el final. Sólo así podrás abrir las puestas a las posibilidades que hay al final del arco iris.

Si tienes una tarjeta de crédito con una deuda de 1.800 euros, un tipo de interés del 18 por ciento y pagas solamente el mínimo cada mes, vas a tardar catorce años en cancelar la deuda. En cambio, si añades 10 euros más cada mes para librarte de ella, la eliminarás en menos de cuatro años, ahorrándote diez años y 1.400 euros de intereses.

Quiero que tengas el coraje de hacer todo lo necesario y que saques fuerzas cuando creas que ya no puedes más. Tu mente va a tener que jugar en tu equipo, así que quiero que te mantengas motivado. No es difícil animarte; lo duro es permanecer animado. Pero puedes hacer que esto sea así. Debes tener la visión de lo que vas a lograr en la mente firme y clara. En el próximo capítulo nos ocuparemos de ello. Sígueme.

7
Mantente en la cima

Estás en una carrera a largo plazo

Estás en el capítulo final. Espero que la estrategia te haya quedado clara y que hayas hecho acopio de tácticas que se ajusten a tu situación. También espero que seas capaz de aplicarlas con regularidad y constancia. Responsabilízate y ponte al mando. Haz la radiografía de tu situación. Minimiza tus gastos e incrementa tus ingresos hasta que tengas un superávit que puedas poner a trabajar para cancelar tu deuda. Sé perseverante y regular.

Si has tardado cinco años en adquirir los malos hábitos que ahora caracterizan tus resultados financieros, no pretendas librarte de ellos en cinco minutos. Ni en cinco días. Avanza todo lo rápido que puedas, pero no más. Entiende que estás en una maratón y que vas a tener que sufrir. Cuando llegues a la famosa pared, en el kilómetro 21, tendrás que aguantar y seguir moviendo el cuerpo paso a paso hacia tu objetivo. Nada de lamentaciones, nada de lágrimas, nada de reproches. Esfuerzo y constancia. Eres granito.

Puede que arranques con mucha motivación, pero eres humano y tu mente intentará evitar hacer el esfuerzo de enfrentarte a tus obstáculos. Te propondrá atajos, formas de escapar al sufrimiento. Ilusiones. No quiere estar ahí viendo cómo te tambaleas. Te tentará con promesas de

Los corredores de maratón reportan una sensación de extrema fatiga alrededor del kilómetro 21, coincidiendo con la bajada en las reservas de energía. Lo llaman golpear la pared. Si siguen corriendo y superan esa fase, el resto de la carrera les resulta más llevadero.

una solución fácil o con el desánimo de estar persiguiendo un espejismo inalcanzable. No sigas, te dirá, no vas a ningún lugar, esto no es para ti, déjalo, ríndete. Tanto esfuerzo... ¿para qué? ¿Adónde te lleva? Puede que al principio no prestes atención a estas voces de desaliento, pero, si no has anticipado que tu esfuerzo es a largo plazo, puede que la falta de resultados inmediatos vuelvan estas voces más y más presentes, hasta el día en que comiences a hacerles caso. Ahí estará el principio del fin. Volverás al lugar del que estabas escapando y habrás minado la confianza en ti mismo y en tus posibilidades. No puedes permitir que esto suceda. Si te expones a la derrota, mermarás tus opciones y quizá abandones la lucha. Piensa que lo único que puede derrotarte eres tú mismo. Necesitas reconciliarte con esa parte de ti que, con el objetivo de evitar tu dolor, quiere que cejes en tu empeño. Imagina que tu cuerpo es una máquina que se maneja desde tu cerebro y que éste tiene dos centros de control. Dos partes que pueden mover la máquina a su antojo. Los dos velan para hacer bien su trabajo y ambas quieren que tengas éxito. El problema está en que cada una de estas partes cree que juega sola, no sabe que existe otra parte igual de capaz de ponerse a los mandos. Una de ellas vive en el presente y su función es sacarte de los problemas en los que te metes a cada momento. Si pones el dedo sobre una llama, esta parte se encargará de hacer que lo retires inmediatamente. No quiere que destruyas tus tejidos. Si interpreta que alguien supone una amenaza para ti, puede hacer que lo ataques. No es capaz de anticipar el futuro, así que no atiende a las consecuencias a largo plazo de tus actos. Quiere que tengas éxito ahora, en el presente. La otra parte es más sofisticada: anticipa constantemente tu futuro, analiza las consecuencias que tendrá para ti aquello que estás haciendo ahora, lo compara con lo que sucedió en algún momento del pasado y toma sus decisiones. Si cree que lo que planeas puede acarrearte consecuencias desagradables, evita que lo hagas.

Cada una de estas partes va por libre aunque las dos luchan por tus intereses. Al no saber que existe otra parte con acceso a los mandos, hay cosas que no entienden. Estás en el trabajo y un compañero comete un error y te echan a ti las culpas. La parte que no anticipa el futuro analiza la situación y se dispone a desenmascarar al verdadero responsable. Justo cuando te dirige al despacho del jefe para dejar las cosas claras, la parte que sí analiza las consecuencias toma los mandos. Esta parte ha pensado que acusar a un compañero puede ser equivocado. El compañero quizá te sabotee en el futuro y ponga a los demás empleados en tu contra. Puede que diga que eres un chivato o que no juegas en equipo. Así que te desvía de tu objetivo y acabas en la máquina de café pensando por qué siempre tienes que padecer este tipo de injusticias. Simultáneamente la parte que no anticipa el futuro queda frustrada, pues quiere destruir al otro, pero cada vez que lo intenta algo se lo impide y acaba en la cafetería. Otro día estás en el *stand* de una feria, en un país extranjero, cuando recibes la visita de una clienta. Te encanta su forma de moverse y quedas hipnotizado por su belleza. Ella parece más interesada por ti que por la empresa que representas y, sin saber muy bien cómo, quedas con ella para una cita después del trabajo. Estás casado y eres una persona fiel, pero esa extraña criatura te fascina y, mientras te diriges al bar que habéis establecido como punto de encuentro, te sientes confuso. La parte de ti que no anticipa el futuro está al mando de tu cuerpo y te dirige a la cita. Sólo piensa en satisfacer tus deseos y en que tengas éxito. Al mismo tiempo, la parte que piensa en las consecuencias de tus actos evalúa lo que pasará si sigues por ese camino: una copa, otra copa, un paseo por el parque, un taxi que os lleva al hotel, una noche de pasión, sentimiento de culpa, una esposa que te espera en el aeropuerto con tus hijos, más culpa, una confesión, una discusión, amenaza de rotura, ¡buf! ¡No puede dejar que eso suceda! Así que se pone al mando del cuerpo justo en el momento en que llegas al bar en el que te está esperando la clienta, hace que te sientes a su lado y que, mientras abres la cartera y señalas una foto, digas: «Ésta es María, mi esposa, y éste es el pequeño Marcos, y a su lado está Julia, que tiene apenas seis meses, ¿verdad que son encantadores?». Cuando persigues mejorar tu economía doméstica, trazas un plan y estás plenamente dispuesto a llevarlo a la práctica, hay una parte de ti que piensa a corto plazo y otra parte que lo hace a largo plazo. La primera no quiere que sufras, que pases penalidades ni frustraciones y, cuando ve que te estás privando de salir a tomar unas copas con tus amigos, que estás dejando de comprar la revista que tanto te gusta o que ya no te compras esa chocolatina después del trabajo, piensa que lo mejor para ti es que satisfagas tus necesidades. No anticipa el futuro, así que se pone a los mandos y te lleva a ese bar donde se reúnen tus amigos. Hace que pidas una caña, luego otra, y luego otra. Pagas seis euros y te vas a casa. Nota en ti un cierto sentimiento de culpa, así que para evitar que lo sientas te dirige a una tienda de ropa y hace que compres a tu esposa un estupendo jersey. Llegas a casa habiéndote gastado lo que no debes. La otra parte, la que piensa a largo plazo, está anonadada. No entiende por qué te has saltado la disciplina. Has ido al bar otra vez, te has tomado no una sino tres cañas, y además te has gastado lo que no debías en un regalo para tu mujer, que posiblemente ni tan siquiera sea de su agrado. ¿Cuál de las dos partes quieres que determine lo que haces? Piensa en ello detenidamente. Si dejas que sea la parte que juega a corto plazo, quizá tengas una vida llena de momentos interesantes, pero por la que vas a tener que pagar unas consecuencias que no quieres. Si en cambio eres capaz de frenar esa parte y consigues que la que juega a largo tome el control, tu futuro va a ser probablemente mucho más placentero.

Necesitas aguantar el dolor a corto plazo para poder obtener el placer a largo plazo. Tus objetivos te esperan en la cima de esa montaña, pero hay nubes en la cumbre. Quieres conseguir un futuro mejor y sabes que eso pasa por mejorar tu economía. Estás motivado, así que te dispones a subir por la empinada ladera. Haces acopio de fuerzas y comienza la ascensión. Pero llevas andando mucho tiempo y aún no has llegado a la cima. Piensas en lo que hay allí y te mantienes motivado. Al rato escuchas una vocecita en tu cabeza que te invita a abandonar. ¿Cómo sabes que lo que buscas está ahí arriba? ¿Y si finalmente llegas a la cima y no hay nada? ¿Todo este esfuerzo para qué? No haces caso a estas voces siniestras y te mantienes firme en tu propósito. Sigues tu ascenso hasta que llegas a la zona en la que hay nubes. Tienes que estar cerca de la cima. Ya has recorrido la parte más dura, te dices. Pero te equivocas. Entras en las nubes pero no ves bien, así que cada paso que das es más y más difícil. No sabes dónde poner el pie para dar el siguiente paso y empiezas a escuchar las voces de nuevo. Te vas a caer. Deja de hacer el canelo. Da media vuelta. Tú no estás hecho para estas cosas. Arriba seguramente no hay nada. Haces una pausa, consideras la posibilidad de abandonar, pero la descartas. Has llegado hasta allí buscando un futuro mejor para ti y para los tuyos. No vas a abandonar a medio camino. ¿Qué cabeza de familia haría eso? Reanudas tu ascenso y mantienes firme la imagen de la cima en tu mente. Las nubes son cada vez más densas y no ves nada de nada. Un pie tras otro pie y sigues sin llegar arriba. ¿Será que tenía razón la voz que te sugería abandonar? De todas formas ya llevas mucho tiempo andando y aún no ves el final. Abajo están tus amigos en el bar, relajados, hablando de fútbol y riendo, y tú aquí, luchando paso a paso por llegar arriba, ¿y para qué? Nadie te lo va a agradecer. Justo en ese momento, cuando estabas apunto de dar media vuelta, el viento levanta las nubes y, de repente, ante tus ojos aparece la cima. ¡Estabas a tres metros de ella! Acabas de subir y encima de una losa hay una caja con tu nombre. La abres. Dentro hay lo que buscabas. Podrás restituir tus finanzas. Podrás dar a tu familia un futuro mejor. Ha valido la pena el sacrificio, pero has estado tan cerca de abandonar que un escalofrío te recorre el cuerpo.

Quiero advertirte, lo he visto muchas veces y sé que lo más probable es que no logres lo que deseas. Lo siento. Me gustaría poder decir lo contrario, pero es lo que hay. Está en tu estructura evitar el dolor y escapar del trabajo duro. He insistido varias veces en señalarte a ti como el responsable último de lo que logras. Quiero hacerlo una vez más. Te han entrenado para perder. Estás perfectamente condicionado para elegir la opción perdedora. ¿Te acuerdas de cuando eras pequeño? Estabas pasándolo muy bien entretenido con tu juguete preferido cuando tu madre te dijo que la cena estaba servida y que tenías que sentarte a la mesa. ¿A la mesa? Tú querías seguir jugando, no querías comer. Pero ella insistió firmemente: «O te sientas a la mesa inmediatamente o te vas a dormir sin cenar». Dos opciones, una falsa sensación de elección. En cualquier caso salías perdiendo. Tú querías quedarte con tu juguete... pero ahí estaban tus opciones. Al final, hicieras lo que hicieras, eras un perdedor. Has vivido esto tantas veces que ahora ni te das cuenta de ello. Te han entrenado para perder. Así que, aunque tengas opciones de salir de donde estás, no te va a ser fácil sobreponerte a tus demonios.

Lo primero que se va a interponer en tu camino, probablemente, sea la impaciencia. Quieres resultados y los quieres ya. Has leído el libro, has comprendido los pasos que en él se detallan, ahora quieres dejar atrás tu situación y remontar el vuelo. Lo exiges, porque estás acostumbrado a exigir. Vives en la era de los resultados inmediatos. Aprietas el botón y cambias el canal de la tele, pulsas de nuevo y cambias otra vez. Fácil, ¿no? Pero resulta que va a costarte bastante esfuerzo reestructurar tus finanzas. No valen tus exigencias, por firmes que sean; lo que cuenta es el trabajo duro a largo plazo, y la regularidad con la que estés dispuesto a luchar. ¿Podrás superar a ese dragón? Para lograrlo replantéate tus expectativas. Llevas toda tu vida aprendiendo cosas equivocadas que te han llevado adonde estás ahora. Las soluciones que has ido aplicando a los problemas que ibas generando provocaban nuevos problemas que reclamaban otras soluciones. ¿Un consejo? Relájate. Piensa a largo plazo. El mundo seguirá ahí después de todo (tú quizá ya no estarás en él, pero él seguirá ahí). Busca fuerzas para emprender una batalla que te llevará mucho más tiempo del que imaginas.

Te lo he dicho ya, pero te lo repito: no comiences siquiera si no eres capaz de comprometerte a largo plazo. O eres un bloque de titanio o intentarlo sólo va a traerte frustración y desánimo. Puedes, seguro que puedes; sólo que tienes que estar convencido de que tu voluntad es tan firme como hace falta. Si ahora no lo es, relájate de nuevo; quizá lo sea más adelante. Tienes toda la vida por delante. ¿Qué puedes perder?: ¿tu casa?, ¿tu pareja?, ¿la cordura? Quizá te sirva de inspiración.

Mira alrededor. ¿Ves la huella del hombre ahí? Cualquier cosa que haya producido el ser humano —coches, televisores, aviones, edificios, programas de formación, poemas, electrodomésticos...— ha estado en la mente de alguien antes de ver la luz. Primero sucede dentro de la cabeza; luego tal vez salga de ahí y cobre forma. Imagina vívidamente cualquier resultado que quieras conseguir. Piensa en él una y otra vez. ¿Qué quieres exactamente y cómo será todo cuando lo consigas? Aprovecha las posibilidades que tiene tu mente para mantenerte inspirado y actuar a favor de tu máximo interés. Pero actúa. No te quedes en el mundo de las ideas. Tú vives en la Tierra. Algunos clientes me han contado en más de una ocasión que algunos de los éxitos empresariales que ahora vemos alrededor de nosotros, algunas innovaciones, conceptos que han triunfado o avances técnicos los habían anticipado ellos hacía ya mucho tiempo. «¿Conoces esta empresa de moda que ofrece la posibilidad de conseguir más por menos? Pues eso lo había pensado yo hace un par de años. Y mira, ahora es todo un éxito». Lástima que sus buenas ideas nunca tomasen forma en el mundo real. ¿Qué marcó la diferencia? Unos actuaron y otros, no. Que no te pase lo mismo, pues la acción es la que produce resultados. Pensar es básico, pero no suficiente. Adquiere nuevas ideas, pero aplícalas.

Aprende a permanecer motivado

Si —con las mejores intenciones— actuamos en contra de nuestros propios intereses, ¿qué podemos hacer? ¿Hay alguna manera de evitar que luchemos en contra de nosotros mismos? Me gustaría tener una respuesta simple y positiva a esta pregunta. Lamentablemente creo que el único que puede responde a esto eres tú. A mí me ha resultado muy difícil. Cuanto más me esforzaba, peores resultados conseguía. Tuve que aprender a bailar, no a luchar. A cambiar la rigidez por la flexibilidad. Firmeza en el propósito, fluidez en la forma.

Ojalá seas capaz de encontrar la motivación dentro de ti mismo. Está bien que te inspiren tus hijos, o tu pareja, pero para mí es básico que seas capaz de bailar tu propia música. El camino lo vas a tener que recorrer tú, así que más vale que descubras un motivo que tenga que ver contigo. Cuando luchas por otros, te expones a perder. Tienes que defender tus intereses por encima de todo. ¿Te parece egoísta? No conozco una opción mejor. He visto la frustración que espera a los que se embarcan en batallas ajenas. «Lo hice por ti», dicen, «entregué todo lo que tenía y mira cómo me tratas». Error. No lo hagas por los demás. Hazlo por ti. Deja a un lado los problemas de los demás y hazte responsable de los tuyos. Que el primero que manejes sea tu tendencia a meterte donde no te llaman. Ocúpate de ti, sé feliz y procura tener el tipo de vida que deseas. Luego estarás en condiciones de ejercer una influencia en tu entorno infinitamente superior a la que conseguirás aceptando la basura de los otros. ¿Crees que necesitas la aprobación de los demás? ¿Quieres que te quieran y por eso aceptas? ¿Piensas que si te sacrificas y haces por ellos lo que tienen que hacer ellos mismos van a quererte más? ¿Que descubrirán tu valor y tus bondades? Perdona, pero tu valor lo tienes que descubrir tú primero. Ya lo tienes. Abre los ojos. No hace falta que nadie te diga que te quiere. ¿Te gusta sentir que les importas a los otros? Es bonito sentirse parte del grupo. Pero no es necesario. Está bien si es el producto derivado de tu forma de ser. Es terrible que sea la finalidad de tus actos. Retomemos la cuestión: ¿hay alguna manera de evitar que luchemos en contra de nosotros mismos? Seguramente sí, pero vas a tener que encontrarla tú solo. Los dioses hicieron al hombre feliz, pero se dieron cuenta de que el estado permanente de felicidad les abotargaba los sentidos y los dejaba en trance, así que se reunieron y decidieron cambiar eso. Está bien que sean felices, dijeron, pero tiene que ser consecuencia de su crecimiento como personas; no les podemos dar la felicidad nada más nacer, se quedan atontados y no hacen más que vegetar. «Yo propongo», dijo uno de ellos, «que escondamos su felicidad y hagamos que la busquen». Acordaron que harían eso: esconderían la felicidad y quien quisiera que se esforzase en encontrarla. El problema era dónde esconderla. «En la cima de una montaña», apuntó alguien, «para subir necesitarán todo un alarde de tenacidad y disciplina; esto los hará mejores». «Demasiado fácil», dijeron otros. «En el fondo del mar», dijo alguien, «allí tardarán lo suyo». «Tardarán pero al final darán con ella». «En el centro de la Tierra, con el calor que hace, no lograrán llegar nunca». Ninguna de las propuestas parecía satisfacer a todos, hasta que uno encontró la solución: «La esconderemos dentro de ellos mismos. Ése será el último lugar en el que buscarán».

La publicidad como estrategia ganadora

A algunas personas les basta con leer este tipo de ideas para entender, otras creen que necesitan una forma más directa de mantenerse motivadas. Para ellas he escrito el siguiente apartado. Quiero que conozcas una forma muy potente de mantenerte orientado. Consiste en aprovecharte de las mismas herramientas que utilizan los publicistas y seducir tu mente. Te invito a que hagas un anuncio de lo que quieres. Un gran anuncio publicitario de tu sueño. Cuando lo hayas elaborado, quiero que lo escuches hasta que te lo sepas de memoria. Luego sigue escuchándolo para permanecer enfocado.

Te propongo que comiences por escribir lo que quieres para ti, lo que deseas en tu vida. Qué tipo de vivienda quieres, qué tipo de trabajo te gustaría y por qué, qué coche quieres conducir, cómo quieres que sean tus relaciones personales (con tu pareja, con tu familia, con tus amigos), qué tipo de experiencias quieres tener y dónde deseas pasarlas.

No tiene que ser muy complicado; solamente asegúrate de que cubres estos aspectos, e incluye otros que consideres convenientes. Luego, una vez terminado, reescríbelo en forma de anuncio. El comienzo de mi propio anuncio es así: «Te levantas en tu casa con una sensación de descanso, estás relajado y has dormido bien. Todo está en silencio alrededor. Te incorporas y dejas que tu pareja siga soñando arropada por las sábanas. Vas hacia la biblioteca, coges un libro y te dispones a leer un rato. Por la ventana comienza a amanecer y te embarga una sensación de plenitud y de satisfacción. Más tarde dejas el libro y despiertas a tu pareja con un tierno beso...».

Coges la idea, ¿verdad? Lo que harás será un anuncio de tu vida ideal. Desde el comienzo hasta el final. En él desarrollarás un día en tu vida tal como te gustaría que fuese. Cuando lo tengas redactado, lo leerás en voz alta hasta que tus palabras suenen firmes y convencidas. Luego lo grabarás en audio para poder escucharlo. Quiero que te sugestiones a fondo y convenzas a tu mente de que lo que has concebido lo deseas para ti y lo vas a vivir. Repite la grabación a lo largo del día. Comienza con tres veces y luego aumenta o disminuye en función de cómo te sientas. Puedes ponerlo tal vez al ir a trabajar, al salir de la oficina, antes de acostarte... La idea es hacer lo mismo que hacen los publicistas contigo para venderte lo que quieren que les compres. Sólo que en esta ocasión vas a actuar a favor de tu mejor interés. Si eres constante, tu mente cogerá la idea y se orientará a satisfacer tus deseos.

El tipo de resultados que obtendrás estará en función del tipo de acciones que emprendas y estas acciones dependen de tus pensamientos. Deseo, de corazón, que algunas de las reflexiones que he compartido contigo lleven la semilla que haga brotar en ti los resultados que quieres. Tienes el mapa, tienes la brújula, sabes adónde quieres llegar... Sólo te resta actuar. Ponte de pie, inspira y, mientras sueltas el aire lentamente, dirige tus pasos hacia tu futuro.

Bibliografía

Barnhart, T., *A Kick in the Assets,* Perigee Trade, 1999.

Camp, J., *De entrada diga no,* Barcelona, Empresa Activa, 2004.

Cialdini, R. B., *Influencia, ciencia y práctica,* Barcelona, Ediciones S, 1990.

Covey, S., *Los 7 hábitos de la gente altamente efectiva,* Barcelona, Paidós Ibérica, 2007.

Domínguez, J., y Robin, V., *La bolsa o la vida,* Barcelona, Planeta, 2000.

Edelman, R., *The Truth About Money,* HarperBusiness, 2000.

Espinalt, C. M., *Obra escrita,* Barcelona, El Llamp, 1987.

Fournies. F. F., *Coaching for Improved Work Performance,* McGraw Hill, 1999.

Kiyosaki, R. T., *Padre rico, padre pobre,* Madrid, Aguilar, 2004.

Laughlin, T., *Triathlon Swimming Made Easy,* Total Immersion Inc, 2004.

Martínez Selva, J. M., *Marketing de servicios profesionales,* Madrid, Pearson Alhambra, 2005.

Peters, T., *Re-imagina!,* Madrid, Pearson Alhambra, 2004.

Rackham, N., *SPIN Selling,* McGraw Hill, 1988.

Robbins, T., *Poder sin límites,* Barcelona, Grijalbo, 1999.

Romanov, N., *Pose Method of Running,* Pose Tech Press, 2004.

Salen, H., *Los secretos del merchandising activo,* Madrid, Díaz de Santos, 1993.

VV AA, Guía IDAE. Instituto para la Diversificación y Ahorro de la Energía.

Weiss, A., *Million Dollar Consulting,* McGraw Hill, 2002.

Este libro
se terminó de imprimir
en los talleres gráficos de
Fernández Ciudad, S. L. (Madrid)
el mes de abril de 2008